R 9051

Paris
1706

Dacier, André

La Vie de Pythagore, ses symboles, ses vers dorez et la vie d'Hiéroclès, par M. Dacier,...Les commentaires d'Hieroclès

Tome 1

30 - Cof titre 6387

R 595
(1)

LA VIE
DE PYTHAGORE,
SES SYMBOLES,
SES VERS DOREZ.

LA VIE
D'HIEROCLES,
ET SES COMMENTAIRES
sur les Vers de Pythagore.

Rétablis sur les Manuscrits, & traduits en François avec des Remarques.

LA VIE
DE
PYTHAGORE,
SES SYMBOLES,
SES VERS DOREZ,
& LA VIE D'HIEROCLES.

Par M. Dacier, Garde des Livres du Cabinet du Roy.

TOME PREMIER.

A PARIS,
Chez RIGAUD, ruë de la Harpe.

M. DCCVI.
AVEC PRIVILEGE DU ROY.

AU ROY.

IRE,

L'ouvrage que j'ay l'honneur de presenter à Vostre Majesté, est le premier fruit du nouveau reglement qu'elle a fait

ã ij

EPISTRE.

pour rendre l'Academie des Médailles plus utile à ses sujets: & je satisfais aux vœux de la Compagnie, en vous suppliant avec un trés-profond respect d'agréér ces premices. D'ailleurs, SIRE, tous les fruits de mes estudes appartiennent à Vostre Majesté: il y a plusieurs années que vous daignez répandre sur moy vos graces; & pour honnorer en moy vos bienfaits, vous m'avez élevé à la charge de Garde de vostre Cabinet des Livres. Je ne connois point de fortune plus grande ni plus glorieuse, SIRE, que de devoir toute sa fortune à Vostre Majesté. L'estat heureux où vos bontez

EPISTRE

m'ont mis, ne me laisse rien à desirer, que de pouvoir vous marquer toute ma reconnoissance. Ma vie entiere sera employée à m'aquitter d'un si juste devoir, & je ne compteray avoir vescu qu'autant que j'auray travaillé à laisser des monumens publics de mes obligations & de mon zele. Dans cette veuë, SIRE, je consacre à Vostre Majesté tout ce que j'ay pu receuillir de la vie & de la doctrine de Pythagore, du premier & du plus celebre des Philosophes. J'ay cru, SIRE, que rien ne pouvoit estre plus agréable au plus sage & au plus religieux des Princes, qu'un ou-

EPISTRE

vrage où tout enseigne la sagesse, & mene à la Religion. Comme Pythagore avoit puisé dans les sources de la verité mesme, c'est à dire dans les livres & dans les traditions du peuple de Dieu, on trouve dans sa Théologie des principes sublimes, dans sa morale des regles exactes, & dans sa Politique des maximes seures. Pendant sa vie plusieurs Estats ont dû leur salut à la sagesse de ses conseils; car, SIRE, dans tous les temps les paroles des Sages ont esté le salut des Villes & des Royaumes.

Si vous estiez, SIRE, comme ces Heros de l'antiquité,

EPISTRE

qui dans tous leurs travaux n'ont cherché qu'à estre loüez des hommes, & qui ont dit mesme que la plus agreable harmonie que l'homme pust entendre, c'estoit ses propres loüanges, j'aurois dequoy plaire à Vostre Majesté, en donnant icy à ses vertus une partie des loüanges qui leur sont dües. Mais Vostre Majesté, mieux instruite de la veritable gloire, place plus haut son ambition ; seure de la renommée, elle trouve plus agreables que tous nos éloges, les discours de la sagesse, & elle prendra plaisir à entendre icy quelques traits de celle des Pythagoriciens.

ã iiij

EPISTRE

Par une demonstration plus seure que celle des Geometres, ils prouvent, SIRE, que la volupté n'ayant point d'essence par elle-mesme, & estant toûjours l'effet d'une action, elle tient necessairement de son principe; que ceux qui font des actions divines, ont des voluptez divines ; & par consequent que ceux qui suivent Dieu surpassent infiniment ceux qui suivent le monde, non seulement par la beauté de leurs actions, mais aussi par le genre des voluptez dont ils jouissent. Vostre Majesté sent mieux que personne la force de cette demonstration, elle qui nous fait voir

EPISTRE

un Souverain qui regne sur ses desirs, & qui prefere les plaisirs de la pieté à tous les plaisirs du Siecle, qui assiegent en foule les thrones, pour corrompre les Rois, & pour perdre des millions d'hommes en un seul homme.

Les mesmes Philosophes, SIRE, pour porter à embrasser la vertu malgré les difficultez dont elle est toûjours environnée, donnent cette regle bien simple & bien sensible, qu'il faut entreprendre ce qui est grand & beau, quelque accompagné qu'il soit de travaux & de peines ; car les peines & les travaux passent, & le grand

EPISTRE

& le beau restent seuls. Vostre Majesté, SIRE, est une preuve admirable de la verité de cette maxime ; toute vostre vie a esté occupée à de hautes entreprises, mais penibles & laborieuses : nous avons toûjours vû les peines & les travaux passer, & la gloire leur survivre. C'est par la, SIRE, que la vertu a repandu sur tout vostre régne un si grand éclat, qu'il n'est plus au pouvoir de la Fortune de le ternir, & que le temps, qui efface les honneurs qu'on n'a pas meritez, renouvellera & augmentera toûjours les vostres.

Je ne me flatte pas, SIRE,

EPISTRE.

que Vostre Majesté pour lire cet ouvrage interrompe ses grandes & glorieuses occupations: Vous estes, SIRE, le plus fort rempart de ce Royaume; vous soutenez seul tout le poids des plus importantes affaires qui ayent jamais occupé des Rois; vos soins écartent de dessus nos testes tous les orages, & vos travaux font seuls nostre repos & nostre seureté. C'est beaucoup pour moy d'oser esperer, SIRE, que Vostre Majesté donnera un moment d'un temps si precieux à voir ces foibles marques de ma reconnoissance, & ces nouvelles protestations que rien n'égale les sentimens de vene-

EPISTRE.

ration, de respect, de fidelité & de zele, avec lesquels je seray toute ma vie.

SIRE,

De Vostre MAJESTÉ

Le trés-humble, trés-obeïssant, & trés-fidelle serviteur & sujet, DACIER.

PREFACE.

JE n'ay pas oublié les engagemens que j'ay pris avec le public, en luy donnant le premier volume de Plutarque, & deux volumes de Platon. Il m'a fait l'honneur de les recevoir assez favorablement, pour m'engager à continuer ces ouvrages, & à accomplir le vœu que je luy ay fait. Si Dieu me conserve donc la vie & la santé, je les employeray uniquement à cet usage, & j'espere de donner en peu de temps toutes les Vies de Plutarque, & ensuite ses Morales tour à tour, avec les Dialogues de Platon. Ce n'est ni par legereté ni par inquietude que j'ay interrompu ces travaux, c'est par raison & par obeissance : les choses de devoir sont toûjours preferables à celles de choix.

Parmi tous les grands Princes qui se sont le plus distinguez par l'amour qu'ils ont eu pour les Lettres, il n'y en a point qui leur ait donné une protection si sensible, si efficace, & si glorieuse que Loüis le Grand. Malgré les soins si importans dont sa vie a esté toûjours occupée, &

PREFACE.

pendant les plus grandes guerres, Sa Majesté n'a jamais cessé de jetter sur elles des regards favorables, & de donner quelques moments à les faire fleurir. Aussi jamais elles n'ont esté si florissantes que sous son regne. Jamais Athenes mesme dans sa plus grande splendeur, n'a assemblé dans son sein, tant d'hommes distinguez en tout genre de science, & celebres par les differents talents de l'esprit, que le Louvre en rassemble tous les jours sous les ordres & sous la protection du Roy. Pour honorer son siecle, tout a repris une nouvelle vie, les Arts & les Sciences ont recouvré leur ancien éclat, le bon goust, la solidité d'esprit & la politesse, ont reparu aprés une éclipse de plusieurs siecles; & c'est là un des grands caracteres des regnes les plus glorieux. Car, comme je l'ay prouvé ailleurs, les beaux arts & les sciences suivent toûjours la fortune des Princes: & ce qu'une bonne terre & un bon climat font pour les semences & pour les fruits, la gloire des Princes, leur grandeur, leur magnificence, & leur liberalité le font pour les Arts & pour les Sciences, qui ne vivent pas tant sous eux que par eux. C'est ce qui a donné aux Anciens cette idée si juste & si magnifique, d'un Hercule conducteur des Mu-

PREFACE.

ses, *Hercules Musarum*, *Hercules Musagetes*, pour marquer l'alliance éternelle & l'union indissoluble qui sont entre les Muses & les Heros.

Sa Majesté ayant fait un nouveau reglement pour l'Academie des Medailles, & ayant voulu qu'elle ne se renfermast pas uniquement dans l'estude des Medailles & des Inscriptions, & qu'elle embrassast toutes les belles lettres, pour rendre cet establissement encore plus utile, elle a souhaité qu'outre les travaux que tous les Academiciens feroient en commun, chacun se chargeast d'un ouvrage en particulier. C'est ainsi que, selon la fable, les Muses travaillant toutes sous les yeux & par les ordres d'Apollon, ne se contentent pas de faire des concerts ensemble, elles ont encore chacune des employs differents. Fiction ingenieuse, qui nous fait entendre que dans les Assemblées sçavantes & dans les Academies fondées par les Princes, ce n'est pas assez que chacun contribuë de son genie, & communique ses lumieres pour la perfection des ouvrages entrepris en commun, il faut encore que chacun travaille en son particulier; afin que le public profite de tous leurs talents & de toutes leurs veilles. Il n'y a pas de moyen plus asseuré pour l'avencement des let-

PREFACE.

tres, & on a tout lieu d'esperer que le succés répondra à l'attente de Sa Majesté, & que les benignes influences qu'elle daigne répandre sur cette Academie des Medailles, luy feront produire des fruits dignes de ses soins. Chacun s'est empressé de choisir des travaux conformes à ses estudes & à son genie: & moy, pour ne pas perdre de veüe mes premiers desseins, & pour me rendre encore plus capable d'y reüssir, j'ay choisi deux ouvrages qui sont dans le mesme goust & du mesme caractere, & dont j'espere que le public pourra tirer quelque utilité.

Le premier, c'est la Vie de Pythagore, avec une explication de ses symboles & de ses Vers dorez, & une traduction des Commentaires d'Hierocles, où toute la doctrine de ce Philosophe est solidement expliquée.

Et le second c'est la traduction du Manuel d'Epictete, & des Commentaires Grecs de Simplicius, & un nouveau Manuel du mesme Epictete, que j'ay tiré des Dissertations d'Arrien, & qui renferme des maximes trés-nobles, trés-instructives, & trés-dignes d'estre tirées de l'oubli où elles sont.

J'aurois regardé comme un affront qu'un autre m'eust devancé en cette occasion

PREFACE.

où il s'agit d'obeïr au Roy, & de faire ce qui luy est agreable. L'inclination, le devoir, la reconnoissance, l'obligation de répondre en quelque maniere aux graces que j'ay receuës de Sa Majesté, tout vouloit que je me distinguasse au moins par la diligence, puisque c'estoit le seul avantage que je pouvois esperer. Je l'ay fait : ces deux ouvrages sont achevez : & voicy le premier qui contient la naissance de la Philosopie. Car quoy que Thalés eust deja fondé la Secte Ionique, avant que Pythagore eust establi la sienne, comme cette Secte Ionique ne dura que peu de temps, & qu'elle fut étouffée par le Secte Italique, qui se repandit bientost dans presque toutes les parties de l'Univers, Pythagore doit estre regardé comme le premier Philosophe, & comme le pere de la Philosophie.

Je donne donc d'abord la Vie de ce grand homme, en qui la sagesse répondoit à la noblesse de son extraction. Si Diogene Laërce, Jamblique, & Porphyre s'estoient bien aquitez de ce travail, je n'aurois eu qu'à les traduire ; mais ils ont fait cette vie avec si peu d'ordre & de suite ; &, ce qui est encore plus mauvais, avec si peu de choix, qu'on ne peut regarder ce qu'ils on escrit que comme des memoires fort confus, fort indigestes, & mes-

Pythagoras vir præstanti sapientia & nobilitate. Cicer. dans le IV. liv. des Tuscul.

PREFACE.

lez de beaucoup de choses frivoles, & pueriles, indignes de ce Philosophe, & souvent contraires à ses veritables sentimens. Ce n'est pas encore là tout: ceux qui sont venus ensuite ont encore plus défiguré la vie & la doctrine de cet homme sage, en luy atribuant des miracles, ou plustost des prestiges, plus capables de le faire passer pour magicien & pour charlatan, que pour Philosophe. Tels sont les contes que l'on a debitez de son miroir magique, de son arithmetique superstitieuse, & de sa roüe de l'onomantie. J'ay donc rejetté toutes ces réveries que l'envie de faire passer des imaginations & des chimeres, sous l'authorité d'un grand nom, avoit d'abord debitées, que la superstition & la credulité avoient ensuite receuës, & que la saine antiquité ne connoissoit point.

Si on faisoit avec la mesme methode la vie de tous les Philosophes qui ont succedé à Pythagore, on verroit clairement le progrés que ces grands genies ont fait dans la connoissance de la verité; & rien ne seroit ni plus utile ni plus agreable. Car quel plus grand profit, & quel plus grand plaisir, que de voir les démarches de l'esprit humain dans la recherche de ce qui fait le souverain bien des hommes, & que de remarquer quels sont les guides qui l'ont

PREFACE.

bien conduit, & ceux qui l'ont égaré & qui l'ont empesché de trouver cette verité qu'il cherchoit, ou de s'y arrester & de s'y maintenir aprés l'avoir trouvée.

Je sçay bien que ce n'est pas dans les escrits des Payens que nous devons chercher à nous instruire. Ils sont si differents & si opposez entre eux sur les points les plus importants, que comme Platon a dit des hommes, qu'ils ont partagé entre eux la folie, on peut dire de ces Philosophes, qu'ils ont partagé l'ignorance : au lieu que tous les Docteurs de la Religion chrétienne depuis Moyse jusqu'au dernier des Apostres sont si bien d'accord, & concourent si bien à enseigner les mesmes principes & la mesme doctrine, que comme Pythagore disoit que Dieu estoit harmonie, on peut dire avec plus de raison, de cette harmonie, que c'est veritablement Dieu : car ce ne peut estre que Dieu qui l'a inspirée. Je ne compare donc point le plus éclairé des Philosophes payens à aucun de ces Docteurs ; je les mets mesme tous au dessous du chrétien le plus simple, & je renvoye sur cela le Lecteur au discours que j'ay fait sur Platon ; mais cela n'empesche pas que les decouvertes que les Payens ont faites ne soient tres-estimables & tres-utiles. Car comme ils ont puisé

PRÉFACE.

dans les premieres sources, dans la revelation Judaïque, & que cette revelation avoit esté donnée pour restablir la Religion naturelle, que le Paganisme avoit presque éteinte, & pour promettre la Religion chrétienne, qui devoit estre plus parfaite que la revelation Judaïque & en reparer les defauts, on trouve dans leurs escrits de grands principes, & ces principes font une continuation de la veritable lumiere, qui par la bonté infinie de Dieu, n'a jamais cessé absolument d'éclairer les hommes, & ils deviennent des preuves invincibles de la verité de nostre Religion.

D'ailleurs, comme ces premiers Philosophes estoient des hommes d'un esprit excellent, ils ont adjousté à ces veritez connuës des demonstrations tres fortes & tres capables d'éclairer l'esprit, d'éclaircir beaucoup de doutes, & de refuter une infinité d'erreurs ; & ce sont de grands avantages. Car comme il faut necessairement que la connoissance précede l'amour, il faut avant toutes choses, que la lumiere dissipe les tenebres : & c'est à quoy Pythagore, Socrate, & Platon peuvent extrémement contribuer ; parce qu'ils ont plus approché du vray, & qu'ils ont revestu leurs principes d'une force de raisonnement & d'une évidence à laquelle la plus fiere in-

PREFACE.

credulité & le plus obstiné libertinage ne sçauroient jamais resister.

Je vais rassembler icy en peu de mots sous un seul point de vûë, les plus grands principes que Pythagore à reconnus & avouez. On sera étonné de voir que les commencemens de la Philosophie ayent esté si lumineux dans un siecle de tenebres, & qu'aujourd'huy tant de siecles aprés que la verité s'est si clairement manifestée, qu'on n'a plus rien à desirer, aujourd'huy que les ombres sont dissipées, & que tout est accompli, il y ait de pretendus Philosophes, qui ne travaillent qu'à faire douter de ces veritez que toute l'Antiquité a connuës & reverées, & qu'à replonger les hommes dans des tenebres si épaisses, que s'ils estoient suivis, on verroit le contraire de ce qui arriva en Egypte du temps de Moyse, * on verroit les tenebres du costé du peuple de Dieu, & la lumiere du costé des Payens.

Pythagore à reconnu que Dieu estoit unique, & il s'est expliqué sur cela d'une maniere trés-forte, tres-agreable, & qui tourne fort bien en ridicule la pluralité des

---

* Et factæ sunt tenebræ horribiles in universa terra Ægypti tribus diebus. Ubicumque autem habitabant filii Israël lux erat. *Exod.* x. 22. 23.

PREFACE.

Dieux. Voicy ſes Vers que S. Juſtin nous a conſervez :

> Εἴ τις ἐρεῖ θεός εἰμι πάρεξ ἑνὸς, οὗτος ὀφείλει
> Κόσμον ἴσον τούτῳ ποιήσας εἰπεῖν, ἐμός οὗτος·
> Κ'οὐχὶ μόνον ποιήσας εἰπεῖν ἐμός, ἀλλὰ κατοικεῖν
> Αὐτὸς ἐν ᾧ πεποίηκε, πεποίηται δ' ἀπὸ τούτου
> Καὶ περὶ τόδε.

Si quelqu'un dit, je ſuis Dieu, hors le ſeul Dieu veritable, il faut que ce Dieu aprés avoir créé un monde pareil à celuy-cy, diſe, voila mon ouvrage: & qu'il ne diſe pas ſeulement, voila mon ouvrage, mais il faut encore qu'il habite, & qu'il rempliſſe ce monde qu'il aura créé; car c'eſt ce que le veritable Dieu a fait de celuy-cy.

Il a entrevu encore, que Dieu avoit engendré un Fils ſemblable à luy, & les Payens ont nommé ce fils *le Verbe*, & *la parole du Pere*, & ils ont reconnu que c'eſt *ce Verbe* ou *cette parole* du Pere qui a créé & arrangé l'Univers.

Il a applaudi à cette verité qu'il y avoit un traitté entre Dieu & ſa créature, traitté qui n'eſt autre que la Religion naturelle, & par conſequent que l'homme eſt né pour la Religion, & que la Religion eſt la principale fin de l'homme; & que Dieu eſtant le principe de tous nos devoirs, la veritable vertu doit ſe rappor-

S. Juſtin de Monarch. p. 67.

PREFACE.

ter à Dieu, & consiste à luy estre fidelle. Il a connu encore la corruption de la nature & la necessité de la reparer, pour delivrer l'ame de l'esclavage du peché.

Enfin il a enseigné que l'homme estant libre il s'attire volontairement tous ses maux par le malheureux usage qu'il fait de sa liberté, & par le refus opiniastre de voir les biens qui sont prés de luy, & que Dieu a mis en son pouvoir: & il a sçu accorder cette liberté de l'homme avec la providence de Dieu; accord sans lequel S. Augustin asseure que l'on ne peut ni bien croire ni bien vivre. Et de tous ces principes il a tiré des regles admirables pour les mœurs, en démonstrant l'obligation indispensable d'estre pieux, reconnoissant, charitable, desinteressé, fidelle, temperant & juste, & de soumettre les passions de la cupidité aux lumieres de la raison, qui doit toûjours tenir les resnes.

Voila les premiers rayons qui ont éclairé les tenebres de l'idolatrie. Comme ils sont sortis du sein de la Religion Judaïque, ils reviennent joindre leur lumiere à celle de la Religion Chrétienne; & aprés avoir servi trés-utilement aux Peres de l'Eglise, à combattre le reste des superstitions du paganisme, ils servent aujourd'huy à dissiper les sophismes & les vaines

PREFACE.

defaites des athées & des libertins.

La forte persuasion où les Philosophes payens estoient, que l'ame devoit estre delivrée de sa corruption, pour devenir capable de s'unir à Dieu, leur à fait faire des efforts infinis, pour trouver la voye de cette delivrance. De la sont sortis toutes les purifications, toutes les initiations, & tous les autres rites superstitieux, qu'ils ont pratiquez : car autant que les voyes de la verité sont simples autant sont diverses, les demarches de l'erreur. Par exemple dans la plus mysterieuse de leurs ceremonies, qui estoit celle de *l'inspection*, ἐπιπτείας, les prestres faisoient enterrer les initiez jusques au cou, de maniere qu'il n'y avoit que la teste qui jouïst de la lumiere. Ils vouloient leur apprendre par là que dans cette vie ils devoient dépouiller ce corps corruptible, enterrer avec luy toutes ses passions, & élever leur esprit à la lumiere intelligible, dont la lumiere sensible estoit le symbole. Car, comme je l'ay deja dit sur Platon, toutes les ceremonies des Payens n'estoient que des figures, le mensonge, ayant toûjours imité la verité. Mais tous les efforts qu'ils ont faits n'ont servi qu'à les égarer davantage ; ils ont toûjours ignoré la voye de cette delivrance. Comment ne l'auroient-ils pas ignorée ? Il n'y avoit

PREFACE.

avoit qu'un Dieu-homme qui pust la manifester & la faire connoistre. Dieu avoit prédit luy-mesme par la bouche de ses Prophetes, que le Messie *seroit l'alliance d'Israël, la lumiere des Nations & le salut jusqu'aux bouts de la terre.* Comment les Payens auroient-ils demeslé ce salut, au travers des ombres qui le cachoient, lorsque la pluspart des Juifs, à qui les propheties estoient adressées, ne comprenoient rien à ces grands caracteres qui designoient le Messie, & qui sont aujourd'huy si reconnoissables ? Cet homme Dieu *qui devoit porter nos langueurs, estre brisé pour nos crimes, se charger seul des iniquitez de nous tous, livrer volontairement son ame pour le peché, & nous guerir par ses meurtrisseures,* estoit pour eux une énigme inexplicable. Jesus-Christ devoit estre le salut des Nations, mais il devoit estre aussi leur lumiere pour faire connoistre ce salut. Ainsi jusqu'à l'arrivée de ce redempteur, la voye du salut leur devoit estre cachée. Tout leur esprit, & toute leur penetration estoient inutiles. Cette ignorance estoit predite: & par qui ? par celuy qui remplit l'esprit de lumiere ou de tenebres comme il luy plaist. Elle estoit donc invincible cette ignorance jusqu'à la venuë de ce liberateur, à qui seul Dieu avoit donné la puissance de la dissiper, & qui en effet l'a

Ecce posui te in testamentum generis, in lucem gentium, ut tu sis in salutem usque ad extremum terræ. Isaï 49. 6. selon la traduction des Septante.

Expressions du Prophete Isaïe, ch. 53.

é

PREFACE.

dissipée, comme il avoit esté predit. Par consequent bien loin de mépriser cette ignorance des Payens, nous devons l'admirer & la respecter comme un des caracteres les plus sensibles de l'accomplissement des propheties, & comme une preuve aussi forte de la verité de la Religion Chrestienne, que tout ce qu'ils ont sceu & connu. Pour moy j'avouë que cette ignorance imposée jusqu'à un certain temps à la Nation la plus penetrante de l'Univers, imposée au milieu de la prediction mesme, qui sembloit leur devoir ouvrir les yeux, & dissipée ensuite dans le temps marqué, me paroist une aussi grande merveille que le soleil aresté par Josué, & que les eaux de la mer entassées & amoncelées, pour ouvrir un passage aux Hebreux.

De ce principe si clair on pourroit tirer l'explication & la preuve de beaucoup de veritez tres-importantes, mais ce n'est pas icy le lieu. Il me suffit d'avoir montré par là quel usage nous devons faire des escrits des Philosophes Payens, & quel profit nous pouvons trouver dans cette lecture, puisque de leur ignorance mesme on tire de si salutaires instructions. En mesme temps j'ay justifié le dessein que j'ay fait de les expliquer & de les traduire. D'abord j'ay entrepris cette estude pour ma propre

PREFACE.

utilité, & je la continuë pour l'utilité des autres.

A la Vie de Pythagore j'ay adjoufté un recueil de fes fymboles plus ample que ceux qu'on a donnez avant moy. Lilius Giraldus, homme tres fçavant & grand critique, en a donné un avec des Interpretations Latines fort eftendues. Dans mes explications je l'ay fuivi, lorfqu'il m'a femblé avoir pris l'efprit de Pythagore, & je l'ay abandonné quand il m'a paru s'en efloigner. On dit communément que tout le bon fens eft dans les Proverbes, & on a raifon. Mais le fymbole a un avantage fur le proverbe, c'eft qu'il eft plus figuré & plus travaillé, & qu'il renferme une morale plus fine & plus approfondie; comme on pourra le remarquer dans ceux de Pythagore, qui ne font pas indignes de la curiofité du Lecteur.

Aprés ce Recueil de fymboles, j'ay fait la Vie d'Hieroclés, ou pluftoft une differtation fur l'Auteur qui a fi bien expliqué les Vers de Pythagore. Comme ces Commentaires font d'une beauté fuperieure à tous les ouvrages de cette nature, que la beauté d'efprit, la force du raifonnement, la nobleffe des fentimens, & la verité & la folidité des preceptes fe trouvent avec la gravité, l'énergie, & les graces de la diction, avant que d'y travailler j'ay

PRÉFACE.

voulu m'éclaircir à qui nous devions un si excellent ouvrage, où l'on n'a que deux ou trois erreurs à corriger, pour en faire un livre admirable, & veritablement Chrestien. Car le soupçon, que l'on a eu jusqu'icy que cet Hiérocles estoit le mesme qui avoit escrit contre les Chrestiens, & qui les avoit persecutez avec un acharnement horrible, jusqu'à meriter les faveurs de son Prince par ses cruautez, m'avoit extrémement refroidi. Il me sembloit que des Payens qui disoient si bien, & qui faisoient si mal, n'estoient pas dignes de nous instruire.

Eschin. dans son Oraison contre Timarque.

Je me ressouvenois à ce sujet du sage scrupule des Lacedemoniens, qui se trouvant un jour dans une extremité fort pressante, assemblerent le Conseil. Il arriva par hazard, qu'un homme trés-vicieux proposa l'avis le plus utile. Les Lacedemoniens, toûjours attachez à l'honnesteté & à la décence, ne voulurent pas devoir le salut de leur patrie à un homme si décrié : ils firent proposer ce mesme avis par un homme sage, afin de pouvoir le suivre sans se deshonorer. J'aurois voulu qu'on eust pu faire la mesme chose à cet Hiéroclés, s'il eust esté celuy qu'on a cru. Heureusement cet expedient n'est pas necessaire. J'ay establi sur des preuves assez solides, que l'Auteur de ces com-

PREFACE.

mentaires est tres different de l'ennemi & du persecuteur des Chrestiens. J'avouë que j'ay esté ravi de cette découverte, & que je me suis mis à travailler sur ses ouvrages avec plus de confiance & plus d'ardeur: car si l'éloquence demande que celuy qui la professe soit homme de bien, la morale l'exige encore plus fortement, de celuy qui l'enseigne.

Ces Commentaires, comme je l'ay déja dit, sont tres precieux; & j'ose asseurer qu'on peut les regarder comme nouveaux, car ils paroissent aujourd'huy dans ma traduction non seulement plus corrects, mais plus entiers. Jusqu'icy le texte étoit tres corrompu; & il ne faut pas s'estonner que la traduction Latine qu'en donna Jean Courtier sur le fin du XVI. siecle, soit si defectueuse: le vice du texte luy a fait faire beaucoup de fautes, mais il en a adjousté beaucoup d'autres, parce qu'il n'entendoit pas finement le Grec, & qu'il ignoroit absolument cette ancienne Philosophie.

Il y en avoit déja une autre traduction Latine, faite long-temps auparavant par Jean Aurispa de Sicile, Secretaire Apostolique sous le Pape Nicolas V. & homme d'une grande érudition, grand Orateur & grand Poëte. On cite de luy un volume de Lettres, beaucoup d'Epigram-

PRÉFACE.

mes & d'autres Vers tres élegans ; & on luy donne la loüange d'avoir esté fort versé dans la lecture des Auteurs Grecs. Il en avoit expliqué quelques uns à Laurent Valle, qui en tesmoigne sa reconnoissance, en publiant, qu'il le regardoit à cet égard comme son precepteur & comme son pére. Mais la grande connoissance qu'avoit Aurispa de la langue Greque, paroist encore par sa traduction d'Archimede & par celle d'Hieroclés. Il fit la derniere à l'âge de quatre-vingts ans. La Bibliotheque du Roy, la plus riche de l'Europe, m'a fourni deux éditions de cette Traduction Latine, faites sous le Pontificat de Sixte IV. plusieurs années après la mort de son Auteur, la premiere à Padoüe en M. CCCC. LXXIV. & l'autre à Rome un an après. Il n'y a point de témoignage plus honorable a Pythagore & à Hierocles, que celuy que leur rend ce venerable Vieillard dans la Dedicace de son Ouvrage qu'il adresse à Nicolas V. le pére des Lettres, & son bienfaicteur : il dit, * *Qu'estant allé par son ordre à Venise, il y acheta quelques livres Grecs, par-*

---

* Cum Venetiis essem tuo jussu, Libros aliquot Græcos emi, inter quos repperi Hieroclem super versibus Pythagoræ aureis appellatis, in quibus omnis Pythagoreorum Philosophia continetur. Tantaque in eis est doctrina, tanta legenti utilitas, ut octogenarius jam nihil ego aut Græce aut Latine legerim, quod magis mihi profuisse intelligam : parum enim ac

PREFACE.

mi lesquels estoit le Commentaire d'Hierocles sur les Vers dorés de Pythagore, où il trouva un si grand fonds de doctrine & tant d'utilité, qu'à son âge il ne se souvenoit pas d'avoir rien lû où il eust fait un plus grand profit; car ce petit Ouvrage, aux miracles prés, s'éloigne tres peu, ou point du tout de la Religion Chréstienne: c'est pourquoy, ajoute-t-il, j'en ay entrepris la traduction, que je vous dedie, & je vous supplie de la lire une fois; vous asseurant, que quoy qu'on ne puisse rien adjouster à vostre sçavoir, & à vos vertus, vous serez ravi de trouver dans cette lecture dequoy vous confirmer dans vos sentimens. Et il appelle cet Ouvrage *tres excellent, & conforme à la Religion Chréstienne. Opusculum præstantissimum, & Religioni Christianæ consentaneum.*

Je n'ay eu connoissance de cette Traduction d'Aurispa qu'aprés l'impression de mon Ouvrage, & lorsqu'on imprimoit cette Preface. Ainsi je n'ay pas eu le temps de l'examiner à fond, par consequent je ne suis pas en état d'en rendre un fidelle compte. Et il ne faut pas

nihil, ubi miracula non fuerunt, à fide Christianâ differt hoc Opusculum. Latinum feci, & nomini Sanctitatis tuæ dedicavi, oroque ut semel legas; nam quamvis ita doctus, ita omnium virtutum genere præditus sis, ut neque doctrinæ, neque virtuti tuæ quidquam addi possit, placebit nihilominus legere ea quæ sententiam tuam confirmabunt.

PRÉFACE.

prononcer legérement fur les efcrits d'un homme auffi recommandable par fon grand fçavoir, que venerable par fon âge. Dailleurs, comme il a efté le premier qui a défriché ces Commentaires dans un temps où les Lettres ne commençoient qu'à renaiftre par la protection que leur donnoit le Pape Nicolas V. on doit avoir de l'indulgence, & n'en pas juger à la rigueur. J'ay parcouru fon Ouvrage, & j'ay vû que ce n'eft ni le fçavoir, ni l'efprit, ni le ftile mefme qui luy ont manqué, mais des manufcrits plus corrects. Malheureufement ceux qu'il avoit achetez à Venife, eftoient auffi corrompus, & moins entiers, que ceux qu'on a eûs dans la fuite, & fur lefquels on a imprimé le texte Grec: car je remarque dans fa traduction prefque les mefmes fautes qu'on a continuées aprés luy, & d'autres encore qui ne viennent fans doute que du deffaut du texte. Dans le refte il y a des endroits heureufement exprimez & plus corrects, que dans la traduction de Jean Courtier: cette derniere quelque défectueufe qu'elle foit, me femble pourtant un peu plus exacte. Il ne paroift pas que l'Auteur ait connu la premiere, car il n'en parle point. Mais tout bien compenfé, cette premiere a fon merite, elle peut mefme eftre confultée comme un manufcrit, fi jamais on imprime le

PREFACE.

texte Grec: & Aurispa est digne d'une tres-grande loüange, d'avoir eu le courage & la force à quatre-vingts ans, & denué de tous les secours que nous avons aujourd'huy, d'entreprendre la traduction d'un ouvrage philosophique aussi profond, & aussi difficile que ce Commentaire d'Hierocles, & d'avoir surmonté tant d'obstacles pour procurer à son siecle une lecture si avantageuse & si utile. Je me suis fait un singulier plaisir de luy rendre la justice qui luy est deuë, & d'avoir tiré sa memoire des tenebres de l'oubli.

Meric Casaubon, fils du grand Casaubon, adjouta quelques remarques à une édition qu'on fit à Londres de la traduction de Jean Courtier, & dans ces remarques il a restitué heureusement plusieurs passages, mais cela ne suffisoit pas pour rétablir entierement le texte.

M. l'Abbé Renaudot, qui a orné beaucoup de vertu, & un grand fonds d'esprit, d'un sçavoir tres-profond, m'a communiqué un exemplaire de l'édition de Jean Courtier, enrichie à la marge de quantité de belles corrections écrites par une main inconnuë, mais sçavante. D'abord je ne sçavois si c'estoient de simples conjectures; mais enfin j'ay vû que c'estoient des diverses leçons tirées des meilleurs manuscrits. Ce sçavant Abbé ne s'est pas

PREFACE.

contenté de me fournir ce tresor, il a plus fait encore : il m'a procuré le secours de M. Antonio Maria Salvini, Professeur en Grec à Florence, Academicien *della Crusca*, & de l'Academie de Rome de *gli Arcadi*, homme de beaucoup d'esprit, tres-sçavant dans la langue Greque, & dans les belles Lettres ; &, ce qui se trouve rarement avec tant de sçavoir, d'une modestie tres singuliere, & toûjours prest à quitter ses occupations pour aider les autres dans leurs travaux, en leur communiquant liberalement tout ce qu'il y a à Florence de plus precieux, & qui peut servir à l'avancement des Lettres. M. Salvini a pris la peine d'extraire luy-mesme, & de m'envoyer toutes les differentes leçons d'un excellent manuscrit d'Hieroclés, qui se trouve dans la Bibliotheque de S. Laurent, tres-riche en toute sorte de manuscrits les plus rares ; & sur tout de manuscrits Grecs, que le grand Cosme, pére de la Patrie, Laurent son fils, le Pape Clement VII. & le grand Duc Cosme I. ont amassez avec des dépenses infinies, & que les deux derniers ont superbement placez dans un vaisseau d'une architecture admirable, executée sur le dessein de Michel-Ange. Ce manuscrit en confirmant la pluspart des corrections de la marge de l'exemplaire de Paris m'en a fourni quan-

PREFACE.

tité d'autres tres-neceſſaires, & tres-importantes, & a suppléé meſme ſouvent des mots & des lignes entieres qui manquoient viſiblement, de ſorte que je puis aſſeurer que le texte d'Hierocles eſt preſentement auſſi entier qu'il le puiſſe eſtre, & tel qu'il eſt ſorti des mains de l'Auteur. J'en ay rapporté les principales corrections dans les Remarques, c'eſt à dire, celles qui font un ſens different de celuy du texte imprimé: toutes les autres, qui ne ſont proprement que des élegances de ſtyle, ou qui ne changent pas le ſens, je n'ay pû les marquer, parce que cela auroit eſté ennuyeux, & peu ſenſible dans des remarques Françoiſes; mais elles ſerviront tres utilement ſi jamais on imprime le texte Grec, qui merite certainement de voir le jour en l'eſtat où ce manuſcrit nous l'a rendu. Je n'ay jamais fait cas de toutes les minuties que beaucoup de ſçavans recueillent d'ordinaire dans les manuſcrits, mais j'eſtime infiniment tout ce qui éclaircit des paſſages obſcurs & inexplicables ſans ce ſecours, ce qui fait un beau ſens où il n'y en a point, & ce qui donne lieu à d'heureuſes découvertes. Voilà ce qu'on doit chercher dans les manuſcrits: & c'eſt ce que l'on trouve dans celuy de Florence; il n'y a pas de page où il ne preſente quelque choſe de precieux.

PRÉFACE.

Avec un si grand secours je puis esperer que ma traduction Françoise aura tous les avantages qui manquent aux deux traductions Latines dont j'ay parlé. Je n'ay rien oublié pour la rendre claire, & pour la mettre en estat de porter nettement dans l'esprit l'idée juste du precepte & de la raison du precepte. Dans cette veuë j'ay mesme quelquefois employé des expressions que je n'aurois pas hazardées dans des traitez d'une autre nature. Les matieres de Philosophie donnent des libertez que l'on n'oseroit prendre ailleurs: elles forcent mesme à s'en servir, comme Ciceron l'a reconnu & pratiqué dans ses traitez philosophiques.

Hierocles est un esprit du premier ordre: il a des idées nobles & sublimes, & souvent tres-difficiles à entendre; une traduction seule seroit inutile, car il y a beaucoup de passages qui ne seroient point entendus sur tout par ceux qui n'ont pas fait une estude particuliere des anciens Philosophes. Il a donc fallu accompagner la traduction de remarques. Theodore Marsile en a donné quelques-unes sur les vers de Pythagore: & Meric Casaubon, comme je l'ay deja dit, en a fait un petit nombre sur quelques endroits d'Hierocles, plus pour corriger le texte, que pour l'expliquer. Mais personne jusqu'icy n'a en-

PREFACE.

trepris d'expliquer Hierocles tout entier; & c'est ce que je me suis proposé de faire. Je n'ay épargné, ni temps, ni travail pour éclaircir toutes les difficultez. Il n'y en a pas une que je n'aye expliquée, ou essayé d'expliquer, pour parvenir à rendre ce systéme aussi clair & aussi sensible, qu'il l'estoit du temps de Pythagore mesme.

Comme Hierocles n'a fleuri que dans le quatrieme ou cinquieme siecle, il n'y a pas de doute que la Religion Chrestienne ne l'ait aidé à developper beaucoup de dogmes de Pythagore qui n'avoient pas esté si bien éclaircis avant luy. Il n'appartient qu'à elle de dissiper les tenebres, d'éclaircir les ombres, & d'oster le voile qui cache les plus grandes veritez ; mais il ne faut pas pousser plus loin ce principe, ni s'imaginer qu'Hierocles ait changé le systéme de Pythagore, pour le rapprocher de la Religion Chrestienne, & pour le rendre plus beau : il n'a fait que tirer de cette sainte Religion le veritable esprit du dogme, que ce Philosophe avoit puisé dans les livres & dans les traditions des Juifs ; & c'est ainsi qu'on doit expliquer les escrits des Payens ; car, comme je l'ay dit dans le Discours sur Platon, il ne faut pas pretendre éclaircir les veritez de la Religion par les veuës des Philosophes, mais au contraire, il faut éclaircir les veuës des

PRÉFACE.

Philosophes par les veritez de la Religion. Et c'est ce que fait Hierocles; car il est certain que les semences de toutes les veritez qu'il enseigne, se trouvent dans Timée & dans Platon Disciples de Pythagore, comme on le verra dans les Remarques.

Par exemple, dans ce qu'Hierocles dit des fils de Dieu, qu'ils sont les images du Pere, & les images incorruptibles, il a sans doute emprunté de nostre Religion les traits dont elle designe nostre Seigneur, qui est la veritable image du Pere, & qui n'a point connu le peché: mais le fond du dogme estoit certainement dans Pythagore, puisque Timée & Platon l'avoient pris de luy. Il y a mesme lieu de s'étonner que dans une si grande lumiere il n'ait pas vû le ridicule de cette pluralité de fils de Dieu, & qu'il n'ait pas embrassé la verité d'un fils unique; verité reconnuë & anoncée par le Poëte mesme, à qui on a donné le nom d'Orphée, & dont les escrits estoient d'une grade autorité parmi les payens; car il a dit en propres termes:

Εἰς δὲ λόγον θεῖον βλέ-ψας τούτῳ προσεδρεύε.

Et portant les yeux de ton entendement jusqu'au Verbe divin, repose toy sur luy.

Le mesme Poëte assure ailleurs que Jupiter, Pluton, le Soleil, Bacchus ne sont que differens noms d'un seul & mesme

PREFACE.

Dieu. Platon parle aussi *du Verbe tres-divin*, qu'il appelle la cause des estres, & il reconnoist que de la connoissance de ce Verbe depend le bonheur de cette vie, & la felicité de l'autre, & qu'elle seule mene à toutes les connoissances les plus sublimes. Hierocles a donc esté en cela du nombre de ces malheureux dont parle Pythagore, qui s'attirent volontairement leurs malheurs, & qui ne voyent, ni n'entendent que les biens sont prés d'eux, & que Dieu les a mis en leur puissance; & ce qui est encore plus estonnant, *il a dormi à midy*, pour me servir de l'expression du mesme Pythagore. Sommeil funeste, qui a esté la juste punition de ce qu'il s'est toûjours tenu attaché aux elemens grossiers de la Philosophie aprés la manifestation claire & entiere de la verité, & qu'estant né dans le temps où la Religion Chrestienne triomphoit avec tant d'éclat de l'ignorance & de l'erreur il a fermé les yeux à cette lumiere divine.

Sur l'explication qu'il donne aux trois premiers Vers de Pythagore, en partageant les substances raisonnables en *Dieux immortels*, en *Heros*, & en *Demons terrestres*, & en donnant à la nature Angelique le nom de *Heros*, on pourroit l'accuser de s'estre esloigné du dogme des anciens Philosophes, qui appellent *Heros*, non les

Tom. 2. p. 956. & tom. 3. p. 323.

Symb. 33. p. CXCVI.

PREFACE.

Anges, mais les hommes confacrez aprés leur mort, témoin ces mots des medailles, *Heros Antinous : Heros Eurypylus :* temoin encore les Temples appellez *Heroa*, qui eſtoient des Temples baſtis à des hommes qu'on avoit élevez aprés leur mort au rang des Dieux ; car voila les trois degrez *les Dieux, les Demons, les Heros.* Mais ce reproche ne ſeroit pas trop bien fondé, car comme les Anciens ont partagé en pluſieurs eſpeces les ſubſtances raiſonnables qui ſont entre Dieu & les hommes qui vivent encore ſur la terre, & qu'ils ont donné à ces ſubſtances les noms d'*Anges,* de *Demons,* & de *Heros,* l'Auteur de ces Vers a fort bien pû appeller *Heros* la premiere eſpece, les Anges, comme Hierocles aſſure qu'on l'a pratiqué. *D'autres, dit-il, ne donnent à ce genre moyen qu'un de ces trois noms, en les appellant Anges, Demons, ou Heros, par les raiſons que nous avons dites.*

Page 30.

Pour peu que l'on reflechiſſe ſur la neceſſité de la Religion, & ſur la corruption de l'homme, on voit clairement de quelle maniere les hommes ont eſté portez à abuſer de tous les ſecours que Dieu leur a donnez pour le connoiſtre, & comment l'idolatrie a eſté comme l'ombre de la Religion.

Dieu avoit manifeſté ſa gloire dans les Cieux, & communiqué à tous ſes ouvrages des perfections qui marquoient aux

PRÉFACE

hommes, qu'il y avoit au deſſus d'eux un eſtre tout puiſſant & tout bon, qui les avoit créez, & qui meritoit leur culte. Mais leur corruption les porta à rendre aux creatures l'honneur qu'elles demandoient pour leur Createur : voila la naiſſance du paganiſme & de l'idolâtrie, qui n'eſt que la corruption de la Religion naturelle, & une fauſſe Religion inventée ſur la Religion legitime & veritable ; car, comme je l'ay déja dit, le faux imite toûjours le vray.

Dieu veut corriger ce deſordre par la Religion revelée. Cette Revelation apprend aux hommes que Dieu eſt unique, elle leur fait entrevoir un Liberateur en qui Dieu a mis ſon eſprit, & qui n'eſt autre que le Meſſie, le Chriſt, Fils de Dieu. Elle leur montre des ſubſtances raiſonnables, plus parfaites que les hommes, que Dieu a créées, & dont il fait ſes miniſtres, & enfin elle leur parle de certains hommes, qui ayant eſté les amis de Dieu pendant leur vie, luy ſont encore plus eſtroitement unis aprés leur mort. La corruption abuſa encore de ces connoiſſances. Elle meſla à cette unité de Dieu des imaginations monſtrueuſes. Au lieu d'un fils unique, elle donna à Dieu un nombre infini d'enfans : au lieu d'Anges, miniſtres de ce Dieu ſupreme, elle imagina pluſieurs ſortes d'Eſprits bons & mauvais, auſquels elle ſacrifia ; &

PRÉFACE.

au lieu d'hommes sages, morts dans la pratique de la vertu, & devenus par là amis de Dieu, & citoyens du Ciel, & ausquels par consequent il estoit deû une sorte de culte subordonné, elle divinisa les hommes les plus vicieux, & qui n'estoient devenus fameux que par l'énormité de leurs crimes : elle leur consacra des Temples, & leur fit bien-tost les mesmes sacrifices qu'à ses Dieux.

Pythagore, qui avoit esté instruit de la Theologie des Hebreux, & qui n'ignoroit pas que les chastimens dont Dieu les avoit si souvent punis, venoient ordinairement de leur idolatrie, fut frappé de ces excés trop grossiers, & voulut les corriger en ramenant ses disciples à la raison, & en leur enseignant à rendre à ces substances un culte proportionné à leur dignité, ce qu'il appelle ἔννομα ῥέζειν, *rendre un culte legitime & conforme à la Loy*. Mais au lieu de détruire l'idolatrie, il ne fit que la confirmer en la limitant; aussi n'estoit-ce pas là l'ouvrage de l'homme ; car l'homme ne corrige pas les penchants du cœur. Il y eût peut-estre des particuliers qui se reformerent en quelque façon sur ses preceptes, mais le general continua de se plonger dans la mesme superstion, & l'idolatrie regna avec la mesme violence. La Religion Chrestienne mesme n'en arresta

PREFACE.

pas entierement le cours; mais comme elle répandit un plus grand jour sur les veritez, que les anciens Philosophes avoient entreveuës, leurs Disciples s'en servirent tres utilement pour approfondir leurs dogmes, & pour les developper beaucoup mieux qu'on n'avoit fait auparavant. C'est ce qu'a fait Hierocles dans l'explication qu'il donne aux Vers de Pythagore, & c'est ce qui rend ses Commentaires si lumineux, &, si j'ose le dire, si chrestiens.

Je ne parleray icy que de ce qu'il dit sur les trois premiers Vers, qui sont les plus importants. Il est certain que l'explication qu'il leur donne, est conforme à l'idée de Pythagore; car long-temps avant Hierocles Platon avoit fait le mesme partage avec la mesme subordination, & ordonné qu'on rendist le premier culte aux Dieux, le second aux Demons, & le troisieme aux Heros. * *Aprés les Dieux celestes*, dit-il, *l'homme sage sacrifiera aux Demons, & aprés les Demons aux Heros.* C'est le dogme de Pythagore; avec cette difference, que Pythagore appelle *Heros* ceux que Platon nomme *Demons*, & qu'il donne le nom de *Demons terrestres* à ceux qu'il appelle *Heros*. Ce qui ne change rien au fond. Mais il

* Μετὰ θεοὺς δὲ τοὺς δὲ, κ͵ τοῖς δαίμοσιν ὅ γ᾽ ἔμφρων ὀργιάζοιτ᾽ ἄν, ἥρωσι δὲ μετὰ τούτοις. dans le liv. des Loix, tom. 2. p. 717.

PRÉFACE.

faut avoüer qu'Hierocles a tiré de la Religion Chrestienne la connoissance des bornes si justes & si precises qu'il donne à ces differents cultes, & les principaux traits dont il designe les Anges & les hommes receus dans les chœurs celestes, c'est à dire, les Saints. Les Payens avant luy ont connu l'essence Angelique : Platon a dit dans le x. liv. des loix, *que dans les combats que nous avons à soutenir dans ce monde, nous ne pouvons vaincre, que lorsque Dieu ou ses Anges viennent à nostre secours.* Mais aucun Payen n'en a parlé comme Hierocles. Au moins je n'ay point vû ailleurs ce qu'il dit, *que les Anges sont non seulement au dessous de Dieu, & au dessus de l'homme, mais encore qu'ils ne connoissent que selon qu'il plaist à Dieu de les éclairer, qu'ils sont tout éclatans de la lumiere qui rejaillit de Dieu sur eux ; qu'ils servent de canal à cette lumiere divine pour nous éclairer, que pleins d'amour pour Dieu ils ne cherchent qu'à nous aider à passer de cette vie terrestre à une vie divine, & enfin, qu'ils sont destinez à nous annoncer les regles pour la bonne vie & pour le bonheur éternel.*

Mais le secours qu'Hierocles a tiré des livres de la Religion Chrestienne paroist sur tout dans ce qu'il dit des gens de bien, qui aprés avoir passé leur vie dans la pra-

PRÉFACE,

tique de la vertu, ont esté receus dans les chœurs celestes, c'est à dire, ont esté beatifiés. Pythagore les avoit appellez simplement *Demons terrestres* ; * terrestres, parce qu'ils sont hommes par leur nature ; & Demons, parce qu'estant dans le ciel & unis à Dieu, ils sont pleins de science & de lumiere ; & Platon s'estoit contenté de dire que les ames, aprés qu'elles sont separées du corps, ont encore soin des choses qui regardent les hommes ; qu'elles protegent particulierement ceux de leur famille qui sont restez sur la terre, & qu'elles meritent d'estre honorées. Mais Hierocles va bien plus loin, & il marque les Saints d'une maniere si nette & si precise, qu'on voit clairement qu'il n'a pu tirer que des livres de la Religion Chrestienne les traits dont il se sert pour les designer. Où auroit-il pû apprendre ailleurs, *que la mesme grace divine qui fait les Saints, les rend dignes de nos respects, & de nostre culte. Qu'il ne faut les honorer qu'aprés qu'ils ont esté receus dans le Chœur divin, & que ce culte consiste principalement à les imiter, & à obeïr aux preceptes qu'ils nous ont laissez, & à*

---

* Je m'accommode icy à l'explication d'Hierocles, car j'ay fait voir dans les remarques que le terme Grec δαίμονες ἐπιχθόνιοι signifie, *les morts devenus demons,* c'est-à-dire, *beatifiez.*

PRÉFACE.

suivre les sentiers qu'ils nous ont tracez avec mille peines & mille travaux en consignant dans leurs escrits pour le bien commun des hommes, les élemens des vertus & les regles de la verité? Je ne crois pas qu'on trouve rien de semblable dans tous les Auteurs Payens qui ont escrit avant la venuë de nostre Seigneur.

Voilà donc des preuves certaines de ce que je voulois établir, qu'Hierocles n'a point changé les dogmes de Pythagore, & qu'il s'est seulement servi des lumieres de la Religion Chrestienne pour expliquer ces dogmes, parce qu'il n'y a que la Religion Chrestienne, qui puisse donner le veritable sens des principes puisez dans les livres & dans les traditions des Juifs.

Nous avons une traduction Arabe des vers de Pythagore. Je ne puis pas juger de cette copie, mais la traduction Latine que Jean Elichman, tres-sçavant dans les langues Orientales nous en a donnée, me confirme dans ce que j'ay dit autrefois de tous ces traducteurs Orientaux, qu'ils sont plus capables d'obscurcir la verité par leurs imaginations & par leurs fables, que de l'éclaircir par la fidelité de leurs versions. Celuy-cy a gasté la plusart des préceptes de Pythagore, & n'a rien compris dans sa theologie. Saumaise en a relevé plusieurs fautes, mais il ne paroist pas

PREFACE.

avoir esté aussi heureux à les corriger. Dans les endroits les plus importans & les plus difficiles il fait voir qu'il n'a entendu ni le systéme de Pythagore, ni l'explication qu'en a donné Hierocles. Grotius y est bien mieux entré que luy, & en a mieux senti la beauté & la force. Il sçavoit presque tout Hierocles par cœur, & personne ne s'en est servi plus heureusement : il en a tiré des tresors dont il a enrichi ses escrits, & sur tout ses commentaires sur l'Ecriture sainte.

Au reste pour expliquer Hierocles, & pour demesler dans sa doctrine les veritez qu'il a connuës d'avec les erreurs qu'il n'a pas eu la force de corriger, il a fallu dans les Remarques s'eslever jusqu'à la plus haute theologie. Comme mille exemples m'ont confirmé la verité de cette belle maxime d'Hierocles, que l'homme est naturellement fecond en opinions estranges & erronées, quand il s'abandonne à ses propres lumieres, & qu'il ne suit pas les notions communes selon la droite raison, je n'ay rien avancé de moy-mesme, j'ay toûjours suivi les guides les plus seurs, & j'ay tasché de ne m'écarter jamais des notions communes.

Je ne sçay pas quel succés aura cet Ouvrage. Il me semble que si Pythagore a acquis tant de reputation dans un siecle où

PREFACE.

il n'y avoit que sept hommes sages, il devroit bien la conserver, ou plustost l'augmenter aujourd'huy où l'on en trouvera à peine sept qui ne le soient point. Les sages se font un honneur d'estimer & d'honorer ceux qui le meritent, &, comme dit Plutarque, orner les autres, c'est un ornement tres-digne, qui vient d'une surabondance de gloire & d'honneur. Ceux qui sont chiches des loüanges d'autruy, sont des envieux, ou des gens pauvres & affamez de loüanges, & qui ne veulent pas donner ce qu'ils n'ont jamais receu. Ils me permettront de les faire souvenir icy, que les Anciens ont mis les Graces auprés de Mercure, dans le seul dessein de nous apprendre qu'il faut avoir de la reconnoissance pour ceux qui travaillent à nous instruire, & qui nous font part de ce qu'ils ont acquis par leurs veilles & par leurs travaux. Comme la lumiere est le bien de ceux qui la voyent, les discours des Sages sont le bien de ceux qui les entendent, s'ils veulent les recevoir.

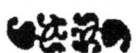

LA VIE DE PYTHAGORE.

QUAND Dieu n'a pas pris soin d'instruire luy-mesme les hommes, & de les enseigner comme un maistre enseigne ses disciples, leur raison a toûjours été long-temps à se perfectionner, & ils ne sont parvenus que fort tard à connoistre la sagesse. Et comme cet heureux privilége d'avoir Dieu pour maistre, & pour précepteur, s'il est permis de parler ainsi, n'a jamais été accordé qu'à un seul peuple, tous les autres ont croupi long-temps dans les ténébres de l'ignorance & de l'erreur; & ces ténébres ne se sont dissipées qu'à mesure qu'ils ont approché des lieux fréquentez par ce peuple élû, à qui les oracles de la véritable sagesse avoient été confiez; & à qui, par cette raison, appartient véritablement, & à la lettre, le glorieux titre de *disciple de Dieu*, qu'Homére ne donne à Minos qu'improprement, & par figure.

Dans le xix. li. de l'Odyſſ. Διὸς μεγάλου ὀαριστής.

Il ne faut donc pas s'étonner si les Grecs, malgré leur habileté, & tous les talents de leur esprit, en quoy certainement ils ont surpassé toutes les nations du monde, ont été tant de siécles sans aucune teinture de la Philosophie, & sans aucune connoissance de la nature. Ce ne fut que du temps de Solon vers la XLVI. Olympiade, c'est à dire, prés de six cens ans avant Jesus-Christ, qu'ils commencérent à philosopher. Encore parmy les sept Sages, qui parurent alors avec éclat, n'y eut-il que le seul Thalés, qui, comme Plutarque nous l'apprend, poussa ses spéculations au-delà des choses d'usage, tous les autres n'ayant acquis cette reputation de sagesse, que par leur grande habileté dans la science qui traite du gouvernement des états. Voila pourquoy Damon de Cyrene les blamoit tous dans un traité qu'il avoit fait des Philosophes; Anaximéne leur reprochoit, qu'ils étoient tous attachez à la * politique; & Dicearchus disoit fort bien, qu'ils n'étoient ni sages, ni amateurs de la sagesse, mais seulement des hommes habiles & de bons legislateurs.

Voila les premiers rayons de la sagesse, qui commencérent à éclairer les Grecs ; car Thalés n'avoit point eu de maistre de sa nation, comme ils l'avoüent eux-mesmes. *Personne ne le guida & ne luy fraya le chemin*, dit Diogéne Laërce, *mais il alla en Egypte, & conversa long-temps avec les Prestres Egyptiens.*

Ce fut donc en Egypte que les Grecs prirent les premiers élemens de la véritable sagesse. Mais d'où étoient venuës aux Egyptiens ces connoissances si sublimes, ces connoissances que n'a-

---

* C'est ainsi qu'il faut lire dans Diogéne Laërce, ἐπιθέσθαι πολιτικῆς, & non pas ποιητικῆς, à la poësie. Dans la vie de Thalés.

voient ni les Mages des Perses, ni les Chaldéens, ni les Gymnosophistes, ni les Celtes, ni les Druides, ni aucun des Barbares! Elles venoient certainement du commerce que ces peuples avoient eu avec le peuple de Dieu, depuis qu'il avoit été captif en Egypte.

On fera peut-eſtre icy une objection qui paroiſt raiſonnable. On dira, pourquoy les Grecs alloient-ils chercher la ſageſſe en Egypte où il n'y en avoit que de légéres traces, déja effacées par mille ſuperſtitions! & que n'alloient-ils dans la Judée, où la véritable ſageſſe étoit ſur le troſne! dans cette contrée où les Prophétes inſpirez de Dieu faiſoient entendre tous les jours leur voix, où le moindre artiſan leur auroit appris en huit jours de plus grands principes ſur la creation du monde, ſur la conduite de Dieu, & ſur les devoirs de l'homme, qu'ils n'en pouvoient apprendre de tous les Preſtres Egyptiens, & de tous les ſages des autres peuples, & plus que tous leurs Philoſophes n'en apprirent dans l'espace de quatre-vingts douze olympiades, ou de trois cens soixante-dix ans, qui s'écoulérent depuis Thalés leur prémier Philosophe, jusqu'à Epicure qui en fut le dernier; dans cette contrée enfin, dans laquelle seule habitoit la vérité, au lieu que tous les autres pays du monde étoient le séjour de l'erreur & du mensonge !

Il n'est pas difficile de répondre à cette objection. Je ne diray pas que les Grecs descendus des Egyptiens, pouvoient avoir plus d'inclination pour le pays de leur origine, & où ils trouvoient leurs Dieux & leur Religion.

Je diray bien moins encore, comme Lactance, que Dieu les empescha d'aller en Judée, afin qu'ils ne pussent pas apprendre la vérité, parce qu'il n'étoit pas encore temps que les étrangers connussent la Religion du véritable Dieu. Ce sentiment me paroist insoutenable. *Liv. iv. de la véritable sagesse, chap. 2.*

Je ne croy pas non plus qu'on soit bien fondé à supposer que les Juifs étant placez précisément entre les Egyptiens & les Perses, il est difficile que Pythagore, en allant d'Egypte en Perse, n'ait pas abordé chés les Juifs. Dans tous les anciens, on ne trouve pas une seule autorité qui puisse faire seulement soupçonner que Pythagore ait jamais mis le pied en Judée. S'il y avoit été, les anciens en auroient conservé quelque mémoire, & son éxemple auroit été suivi. Non seulement Pythagore n'y a jamais été, mais j'ose dire que les Grecs n'ont jamais eu aucun commerce avec les Juifs; & en voicy des raisons qui paroistront peut-estre assez fortes.

Les Juifs se regardoient avec justice, comme une nation que Dieu avoit séparée de toutes les autres, pour se la sanctifier, & pour se l'unir. Voila pourquoy, renfermez dans leurs limites, ils n'avoient aucun commerce avec les étrangers. Pénétrez de leurs priviléges, & fiers des bénédictions que Dieu répendoit sur eux, ils regardoient les autres peuples, comme le joüet du démon, & de l'idolatrie. Ils n'avoient aucun ménagement pour leur Religion, ils les traitoient avec une rigueur & une sévérité, jusqu'à enfreindre par aversion pour eux leurs Loix & leurs coustumes. Ils ne demandoient pour faire le procés à un étranger, qu'un seul témoin & un seul Juge.

Il ne faut donc pas s'étonner qu'une nation qui avoit en horreur toutes les autres nations, leurs Dieux, & leurs cérémonies, fust aussi elle-mesme l'objet de la haine & du mépris de toutes les autres nations; & encore moins qu'une nation élûë de Dieu, fust la nation réjettée des hommes. Mais quoy qu'on la regardast comme la plus vile des nations, on peut dire qu'elle étoit encore plus inconnuë que méprisée. On ne croiroit jamais jusqu'à quel point elle étoit ignorée des Grecs, de ces hommes curieux & avides de tout apprendre, si on n'en avoit des témoignages qui prouvent que la Judée étoit pour eux un pays trés-inconnu, non seulement du temps de Thalés, six cens ans avant Jesus-Christ; mais cent ans encore aprés la naissance de ce Sauveur. On n'a qu'à entendre Plutarque parler des cérémonies & des festes des Juifs. On voit clairement, qu'ils ne connoissoient ce peuple que par des bruits confus, sur lesquels ils bastissoient les fables les plus absurdes.

^a Dans le mois de Tisri, qui répond au mois de Septembre, les Juifs avoient trois festes; la premiére se célébroit le premier du mois; c'étoit la feste des Trompettes.

^b La seconde étoit le dix du mois; c'étoit la feste des Expiations, ou du pardon.

^c Et la troisiéme, le quinze du mesme mois; c'étoit la feste des Tabernacles qui duroit sept jours, qu'ils passoient dans des tentes couvertes de feüillages, en mémoire de ce qu'ils avoient campé dans le desert, lorsque

Dans ses propos de table, liv. IV. quest. V.

---

[a] Mense septimo, prima die mensis erit vobis sabatum memoriale clangentibus tubis. *Levitic.* 23. 24.

[b] Decimo die mensis hujus septimi dies Expiationum erit celeberrimus. 23. 27.

[c] A quinto decimo mensis septimi erunt feriæ tabernaculorum septem diebus Domino. 23. 34.

Dieu les eut rétirez d'Egypte. En ce jour ils prennoient des branches de citronnier, de palmier, de myrthe, & de saule, qu'ils portoient à la main, comme cela leur étoit ordonné.

* Plutarque confond ces festes, il prend celle du jeusne & des expiations pour celle des tabernacles, qu'il partage en deux ; & il met la derniére, celle des trompettes, qui précede les deux autres.

Mais ce qu'il y a de plus étrange, il asseure que c'étoient des festes célébrées en l'honneur de Bacchus; il prend pour des thyrses les branches qu'ils portoient à la main ; il dit que ces trompettes étoient destinées à invoquer Bacchus, comme faisoient les Argiens dans leurs Bacchanales. Il croit que les Levites étoient ainsi appellez du surnom de Bacchus qu'on appelloit *Lysius* & *Evius*. Il conjecture que le mot,

---

* Sumetisque vobis die primo fructus arboris pulcherrimæ, spatulasque palmarum & ramos ligni densarum frondium, & salices de torrente, & lætabimini coram Domino Deo vestro. 23. 40.

fabat, est tiré du nom, *fabbos*, qu'on donnoit aux Prestres de Bacchus, à cause de l'exclamation, *fabboi*, qu'ils faisoient dans les Bacchanales. Il debite que les jours de sabbat étoient des festes de ce Dieu de la débauche parce, dit-il, que ces jours-là ils s'excitoient à boire, & à s'enyvrer.

Ce qu'il ajouste des vestements du grand Prestre, ne marque pas moins son ignorance. Il dit que l'Ephod ou le pectoral étoit une peau de cerf brodée d'or, & que les clochettes qui pendoient au bas de la robe de dessous l'Ephod, étoient pour faire un bruit pareil à celuy qu'on faisoit dans les sacrifices nocturnes de Bacchus, & à cause duquel on appelloit les nourrices de ce Dieu, *Chalcodrystas*, comme, *frappants le cuivre*.

Il prétend qu'ils ne faisoient point d'oblation de miel; parce, dit-il, *que le miel gaste le vin*. La chose est aussi fausse, que la raison est absurde. Les Juifs ne faisoient pas brusler le miel sur l'autel; mais ils en faisoient des oblations, car ils en offroient les prémices. Enfin, il est si peu instruit de leurs coustumes, qu'il ne sçait si c'est par vénération, ou par horreur, qu'ils ne mangent pas la chair de pourceau.

Voila la Judée entiérement ignorée des Grecs, & voila les raisons qui les empeschoient d'y avoir aucun commerce. Ne pouvant donc aller assouvir leur curiosité chés les Juifs, ils alloient en Egypte où ce peuple avoit laissé quelques étincelles de sagesse, & où il portoit toûjours quelque nouvelle connoissance, par le commerce continuel qu'il avoit dans le pays ; * car les Egyptiens étoient un des peuples que Dieu avoit exceptez de l'abomination qu'il avoit ordonné aux Juifs d'avoir pour la pluspart des Gentils.

Quoy que ce ne fussent que des étincelles presque mourantes, elles ne laisserent pas, rassemblées peu à peu, & nourries par de bons esprits, de

* Non abominaberis Idumæum, quia frater tuus est, nec Ægyptium, quia advena fuisti in terra ejus. *Deuteron.* 23. 7.

faire enfin un assez grand feu.

Thalés fut le prémier qui en dégagea quelques-unes de dessous la cendre qui les accabloit. Avant luy ou l'Egypte n'étoit pas ouverte aux Grecs, car on pretend que le Roy Psammeticus fut celuy qui leur en permit l'entrée vers la XXX. olympiade, ou bien ils n'y alloient que pour commercer, & pour fournir aux commoditez de la vie; & s'ils en rapportoient quelques nouveautez, ce n'étoit que des ombres de véritez, ou des superstitions nouvelles qui entretenoient & augmentoient leurs erreurs.

Thalés apprit là l'éxistence d'un seul Dieu. Il y apprit que ce Dieu avoit créé le monde; il y puisa l'idée de l'immortalité de l'ame, dont les Grecs n'avoient jamais oüy parler, que trés-confusément; il y prit quelque teinture de la morale, qui n'avoit encore jamais été cultivée; & chargé de ces richesses, il alla jetter les fondements de sa secte, qui fut appellée *Ionique*, parce qu'il enseignoit à Milet ville d'*Ionie*.

Pythagore beaucoup plus jeune que luy, & pourtant son contemporain, suivit son éxemple; & aprés avoir fait de plus grands progrés en Egypte, il alla fonder sa secte, qui fut appellée *Italique*, à cause qu'il enseignoit dans cette partie de l'Italie qu'on appella la grande Grece.

Cette secte Italique régna bientost seule, & d'elle sont sortis tous les Philosophes qui ont paru pendant l'espace de trois cens soixante-dix ans, & qui ont été partagez en plusieurs sectes différentes.

Rien ne seroit ni plus utile au public, ni plus digne d'un sçavant homme, que de faire les vies de tous ces Philosophes, avec plus de suite & plus d'éxactitude, que ne l'a fait Diogéne Laërce, qui certainement n'a pas rempli tout ce qu'on devoit attendre d'un si grand sujet. On verroit par là le progrés que la raison d'un certain nombre d'hommes choisis, a fait dans la connoissance de la vérité, lorsque toute la terre, excepté un pétit coin du monde, étoit ensevelie dans les ténébres. On y verroit aussi les éclipses que cette verité a souffertes de temps en temps, parce qu'elle n'étoit pas encore assez forte pour triompher entiérément de l'illusion & du mensonge, où la contagion du corps tient naturellement l'esprit humain.

Pour moy aprés avoir donné la vie de Platon, & une idée de sa doctrine, j'ay crû que je ferois une chose aussi agréable qu'utile, si en donnant la Philosophie de Pythagore, dont ce qu'il y a de plus considérable est renfermé dans les Vers dorez qu'on attribuë à Lysis son disciple, & maistre d'Epaminondas, & dans les sçavants Commentaires d'Hiérocles, je l'accompagnois de la vie de ce Philosophe. Elle avoit été faite par de grands personnages de l'antiquité, Xenophon, Aristoxéne, Hermippe, qui étant assez voisins des temps où Pythagore avoit vécu, pouvoient estre fidellement instruits de toutes les circonstances de sa vie. Mais tous ces ouvrages sont malheureusement perdus; & ceux qui long-temps aprés ont entrepris le mesme travail, sont peu capables de nous consoler de cette perte. Diogene Laërce donna une vie de Pythagore dans le second siécle; Porphyre en fit une dans le troisiéme; & aprés Porphyre, son disciple Jamblique s'éxerça sur le mesme sujet. Mais outre qu'ils n'ont observé ni méthode ni régle, ils ont tous péché par les endroits les plus capables de défigurer un ouvrage, comme celuy-cy, je veux dire, par trop de crédulité, qui leur a fait recevoir des fables & des énigmes pour des véritez nuës, & par trop peu d'attention sur les circonstances des temps & des lieux; circonstances qui étant bien approfondies, peuvent seules jetter un si grand jour sur les sentimens de ce Philosophe, qu'il n'y restera plus la moindre obscurité, qu'on démeslera aisément la vérité cachée sous les ténébres de la fiction & du mensonge, & que l'on découvrira les sources où il a puisé la pluspart de ses opinions.

PYTHAGORE descendoit d'Ancée, originaire de l'isle [a] de Cephalenie, dite *Samos*, & qui regna dans l'isle de [b] Melamphylus, dont il changea le nom, & qu'il appella *Samos*, du nom de sa patrie.

Cet Ancée n'étoit pas le fils de Neptune, comme on l'a mal crû; car Ancée fils de Neptune ayant été de l'expédition des Argonautes, qui précéda la guerre de Troye d'environ quarante ans, comment celuy qui avoit été Argonaute pouvoit-il estre de la migration Ionique, qui n'arriva que cent quarante ans aprés la prise de Troye? L'isle de Melamphylus ne fut peuplée par les Ioniens, & appellée Samos, qu'aprés cette migration. Homére, qui avoit connu la migration Ionique, n'a jamais connu le nouveau nom de cette Isle, qui de

[a] Isle de la mer Ionienne, au dessus de Zante, *Cephalonie*.
[b] Isle de l'Archipel, encore aujourd'huy, *Samos*.

son temps conservoit encore son ancien nom.

Ancée qui régna à Samos, étoit sans doute un des descendants de celuy qui avoit régné à Cephalenie.

De la famille de cet Ancée, descendoit Mnemarchus, qui ayant épousé une de ses parentes appellée Parthenis, en eut Pythagore.

Je sçay bien que quelques auteurs font autrement la généalogie de ce Philosophe, & qu'ils le font descendre de cet Hippasus, qui dans le temps du retour des Heraclides au Peloponese, c'est à dire, quatre-vingts ans aprés la prise de Troye, se retira à Samos. Hippasus, disent-ils, fut pére d'Euphron, qui eut pour fils Mnemarchus pére de Pythagore ; ainsi Pythagore seroit le troisiéme descendant d'Hippasus, ce qui ne sçauroit s'accorder avec la bonne Chronologie, qui ne souffre pas qu'on fasse Pythagore si ancien.

Mnemarchus, peu de jours aprés son mariage, alla avec sa femme à

Delphes, pour y vendre pendant la feste quelques marchandises; car il étoit graveur, & il faisoit commerce de bagues, & d'autres bijoux.

Pendant le sejour qu'il y fit, il receut un Oracle d'Apollon, qui l'avertissoit, que s'il s'embarquoit pour la Syrie, ce voyage seroit pour luy trés-agréable & trés-heureux, & que sa femme y auroit un fils qui seroit recommandable par sa beauté & par sa sagesse, & dont la vie seroit utile à tous les hommes dans tous les temps. Mnemarchus, aprés un Oracle si formel, ne manqua pas d'aller en Syrie; mais auparavant il changea le nom de sa femme, & au lieu de Parthenis, il l'appella Pythais, en mémoire de cet Oracle d'Apollon Pythien. En quoy on peut remarquer la coustume des peuples d'Orient, de changer les noms pour des événemens extraordinaires, comme on le voit dans l'Ecriture sainte, & dans Homére.

A Sidon Parthenis, ou Pythais accoucha d'un fils qui fut appellé Pythagore, parce qu'il avoit été prédit par cet Oracle d'Appollon. D'autres prétendent qu'il eut ce nom, parce que tout ce qu'il difoit étoit aufſi vray, & aufſi certain que les Oracles de ce Dieu ; mais pour fonder cette opinion, il faudroit prouver que ce nom ne luy fut donné que fort tard, & qu'il en eut un autre pendant ſon enfance.

Pythagore vint au monde vers l'olympiade XLVII. quatre générations aprés Numa, comme Denys d'Halicarnaſſe l'a ſolidement établi, c'eſt à dire, environ cinq cens quatre-vingt dix ans avant Jeſus-Chriſt. Nabuchoſor régnoit alors à Babylone, & les Prophétes Ezechiel, & Daniel prophétiſoient. Cette remarque ne ſera pas inutile pour la ſuite.

Mnemarchus de retour à Samos, employa la plus grande partie du gain qu'il avoit fait dans ſon voyage, à baſtir un temple à Apollon, & eut de ſon fils tous les ſoins qui pouvoient appuyer les grandes eſpérances qu'il en avoit conceuës. Le jeune Pythagore croiſſoit tous les jours en ſageſse : la douceur, la modération, la justice, la piété paroiſſoient avec tant d'éclat dans toutes ſes paroles, & dans toutes ſes actions, qu'on ne douta plus de la vérité de l'Oracle, & qu'on regardoit déja cet enfant comme un bon génie venu pour le ſalut des Samiens. On l'appelloit *le Jeune chevelu*, & par tout où il paſſoit on le combloit de bénédictions & de loüanges.

D'abord il eut pour Précepteur Hermodamas, un des deſcendans du célébre Creophyle, qui pour avoir logé chés luy Homére, s'eſt fait un nom qui ne mourra jamais.

Il paſſoit les journées entiéres avec les Preſtres de Samos, pour s'inſtruire de tout ce qui regardoit les Dieux & la Religion; & comme il n'y avoit alors dans cette iſle aucun Philoſophe qui puſt remplir l'avidité qu'il avoit d'apprendre, il reſolut d'aller chercher ailleurs ce qu'il ne trouvoit pas dans ſa patrie.

Il partit de Samos à l'âge de dix-huit ans, vers le commencement de la tyrannie de Polycrate.

La réputation de Pherecyde l'attira d'abord à l'Isle de Syros; de là il passa à Milet, où il conversa avec Thales, & avec Anaximandre le Physicien.

De Milet, il alla en Phénicie, & fit quelque séjour à Sidon, qui étoit son pays natal. On prétend qu'il eut là de fréquents entretiens avec des Prophétes qui descendoient d'un certain * Mochus, ou Moschus, grand Physicien. Il y a bien de l'apparence que c'est un nom corrompu, & que ce Mochus n'est autre que Moyse.

De Sidon, Pythagore passa en Egypte, comme Thales & Solon y avoient été avant luy. A son départ de Samos, Polycrate luy avoit donné des lettres de recommandation pour Amasis qui régnoit alors en Egypte, & avec lequel il étoit lié d'une ami-

---

* Strabon écrit, liv. xvi. que si l'on en croit Possidonius, ce Moschus qui vivoit avant la guerre de Troye, étoit l'auteur du dogme des atomes. Ce qui ne convient nullement à Moyse.

tié fort étroite. Polycrate prioit ce Prince de donner toute sorte de protection à Pythagore, & de l'appuyer sur tout auprés des Prestres de son pays pour le faire initier à tous leurs mystéres. Amasis le receut trés-favorablement, & aprés l'avoir gardé quelque temps dans sa cour, il luy donna des lettres pour les Prestres d'Heliopolis.

 Les Egyptiens étoient fort jaloux de leurs sciences, ils ne les communiquoient que trés-rarement aux étrangers, & ils n'y admettoient mesme leurs compatriotes, qu'aprés les avoir fait passer par des austéritez & par des épreuves trés-rudes, & trés-capables de rebuter. Les Prestres d'Héliopolis, renvoyerent Pythagore à ceux de Memphis ; ceux-cy l'adresserent aux anciens de Diospolis, qui n'osant pas desobeïr au Roy, & ne voulant pas non plus violer leurs coustumes, receurent Pythagore à leur novitiat, dans l'espérance qu'il seroit découragé par les observances rigoureuses qui ouvroient l'entrée de leurs mystéres. Mais ils furent trompez. Pythagore étoit poussé d'un desir si violent d'apprendre, que bien que ces Prestres ne luy fissent aucun quartier, & qu'ils luy enjoignissent des pratiques trés-dures, & trés-opposées aux cultes des Grecs, il essuya tout avec une patience extréme, jusqu'à recevoir la Cironcision, comme le prétend Denys d'Alexandrie.

Aprés avoir demeuré vingt-cinq ans en Egypte, il alla en Babylone, où il eut un grand commerce avec le Mage Nazaratus, ou Zabrarus, que les uns prétendent Ezechiel, & les autres Zoroastre. Mais l'éxacte chronologie s'oppose au sentiment de ces derniers; car le Mage Zoroastre précéda Pythagore de quelques siécles.

A son retour de Babylone, il passa à Créte, & de là à Sparte, pour s'instruire des Loix de Minos, & de Lycurgue, dont les états passoient pour les mieux policez. A Cnosse ville de Crete, il eut un grannd commerce avec Epimenide.

Aprés ses longs voyages, il trouva Samos dans un état bien différent de celuy où il l'avoit laissée. Polycrate, qui s'en étoit rendu maistre, comme nous l'avons déja dit, enflé de ses prospéritez, exerçoit un pouvoir tyrannique sur ce peuple qu'il avoit opprimé. Pythagore haïssoit trop l'injustice, & aimoit trop l'égalité pour subir le joug d'un tyran. Il préféra un éxil volontaire à la servitude dont il étoit ménacé, & alla chercher un azyle où il pust conserver sa liberté, le plus précieux de tous les trésors, & celuy pour la conservation duquel ceux qui en ont connu le prix, ont toûjours sacrifié tous les autres biens, & leur vie mesme.

Il partit de Samos vers l'Olympiade LXII. & visita les Etats de la Grece. En traversant le Peloponése, il s'arresta à Phlius, où régnoit Leon. Dans les longs entretiens qu'il eut avec ce Prince, il luy dit de si grandes choses, & luy parla avec tant d'éloquence & de sagesse, que Leon étonné & ravi, luy demanda enfin quel étoit son

son art! Pythagore luy répondit, *qu'il n'avoit aucun art, mais qu'il étoit Philosophe.* Le Prince fut surpris de la nouveauté de ce nom qu'il n'avoit jamais entendu, car c'étoit Pythagore luy-mesme, qui choqué de l'arrogance du titre que ceux de cette profession se donnoient avant luy, en s'appellant *sages*, & sçachant qu'il n'y a de sage que Dieu, changea ce nom trop superbe, en un nom plus humble & plus doux, en s'appellant Philosophe, c'est à dire, *amateur de la sagesse.* Il luy demanda donc *ce que c'étoit que d'estre Philosophe! & quelle différence il y avoit entre un Philosophe & les autres hommes?* Pythagore luy répondit, *que cette vie pouvoit estre comparée à la célébre assemblée que l'on tenoit tous les quatre ans à Olympie, pour la solemnité des jeux; car, comme dans cette assemblée ceux-cy par les éxercices, cherchent la gloire & les couronnes, ceux-là, par l'achat ou par la vente de diverses marchandises, cherchent le gain; & les autres plus* nobles que ces deux premiers, n'y vont ni pour le gain, ni pour les applaudissements, mais seulement pour joüir de ce spectacle merveilleux, & pour voir & connoistre ce qui s'y passe, nous de mesme, quittant notre patrie, qui est le ciel, nous venons dans ce monde comme dans un lieu d'assemblée. Là, les uns travaillent pour la gloire, les autres pour le profit, & il n'y en a qu'un petit nombre, qui foulant aux pieds l'avarice & la vanité, étudient la nature. Ce sont ces derniers, ajousta-t-il, que j'appelle Philosophes: & comme dans la solemnité des jeux, il n'y a rien de plus noble que d'estre spectateur sans aucun interest, de mesme dans cette vie, la contemplation & la connoissance de la nature sont infiniment plus considérables que toutes les autres applications. Aussi il disoit, que l'homme avoit été créé pour connoistre, & pour contempler.

Du Peloponése, il passa en Italie, & s'établit à Crotone qu'il choisit, à cause de la bonté de son terroir, &

de la douceur de son climat. Les peuples qui l'habitoient s'étoient acquis par leur vie laborieuse, & par leur courage, une si grande reputation, qu'on disoit en commun proverbe, que *le dernier des Crotoniates étoit le prémier des Grecs.* Mais aprés un grand échec qu'ils avoient receu dans un combat contre les Locriens, ils s'étoient abastardis, & étoient tombez dans la mollesse. Pythagore crut une œuvre digne de luy de relever le courage abbatu des Crotoniates, & de leur redonner leur première vertu, en les obligeant de renoncer à la vie molle & voluptueuse qu'ils avoient embrassée. Il ne leur parloit donc tous les jours que des avantages de la tempérance, & des maux que la volupté & la débauche traisnent toûjours aprés elles, & leur citoit les éxemples des Villes & des Etats que ces deux pestes avoient ruïnez de fond en comble. Il comparoit le soin qu'on a du corps à l'acquisition d'un faux amy qui nous abandonne dans la nécessité, & le soin qu'on a de l'ame, à celle d'un véritable amy, homme de bien, qui nous souftient dans tous les besoins de la vie, & qui nous est utile, mesme aprés notre mort.

Il travailla avec le mesme soin à retirer les femmes de la licence où elles vivoient, & du luxe affreux où la complaisance, & l'exemple mesme de leurs maris les avoient plongées; il leur faisoit à cet effet des leçons dans le temple de Junon : & quoyqu'il n'y ait peut-estre rien de si difficile, que de ramener à la modestie & à la simplicité ce sexe, dés qu'il est accoustumé au déréglement, & à une magnificence sans bornes, Pythagore en vint heureusement à bout. Les femmes touchées de ses discours, & convaincuës que leurs véritables ornements étoient la chasteté & la modestie, & non pas les habits, quittérent leurs robes d'or, & tous les ajustemens que la débauche & l'orgueil avoient inventez, & les consacrérent à Junon dans ce mesme Temple, comme des trophées que la Sagesse élevoit de la défaite du luxe & de la vanité.

Cette victoire remportée sur des femmes dans ce qu'elles ont de plus cher, & à quoy elles sont le plus opiniaſtrement attachées, doit faire juger de ce qu'il étoit capable de produire sur la jeuneſſe encore tendre, & qui n'a point pris de pli. Il l'aſſembloit tous les jours dans le temple d'Apollon, & luy faiſoit des leçons qui ne furent pas infructueuſes.

Premiérement, il leur enſeignoit à craindre & à honorer les Dieux; aprés les Dieux, à honorer & à aimer ſur tout leur pére & leur mére, comme les ſeconds auteurs de leur eſtre, & leurs bienfaiteurs. *Quelle obligation, leur diſoit-il, n'auriez-vous pas à ceux qui aprés votre mort, vous redonneroient la vie! Jugez par là quelle ingratitude c'eſt, que de ne pas rendre à vos péres ce qui leur eſt ſi légitimement deu. Il n'y a rien de ſi grand, ni de ſi vénérable que la qualité de pére. Homére a bien connu cette vérité*, ajouftoit-t-il; *car aprés avoir appellé Jupiter, le Roy des Dieux, il a cru encherir infiniment fur ce magnifique titre, en l'appellant pére des Dieux & des hommes.*

Les Magiftrats étonnez de l'impreffion qu'il faifoit fur fes auditeurs, & craignant qu'il n'en abufaft peut-eftre, pour ufurper la tyrannie, le mandérent un jour pour venir rendre comte de fa conduite, & des moyens qu'il employoit pour fe rendre ainfi maiftre de tous les efprits. Il leur parla avec tant de folidité & de force, que raffeurez par fa droiture de la crainte que leur avoit infpiré fa grande habileté, ils le priérent de fe mefler du gouvernement, & de leur donner les confeils qu'il jugeroit les plus utiles.

Le prémier qu'il leur donna, fut *de baftir un Temple aux Mufes*, leur infinuant par là de cultiver l'efprit, & de former le cœur par l'étude des lettres, & de vivre tous dans la concorde & dans l'union fous leur prémier Magiftrat; comme les Mufes qui ne sont jamais en divorce entre-elles, & qui toûjours également soumises à Apollon, ne rompent jamais l'harmonie de leurs concerts. Il ajoûta, *Que le plus seur rempart contre l'oppression & la tyrannie, c'étoit l'union des Citoyens.*

Le second conseil, fut de conserver l'égalité entre-eux; *car l'égalité n'engendre point la guerre:* & de ne chercher à surpasser les états voisins qu'en bonne foy & en justice; car, leur dit-il, *sans la bonne foy, il est impossible que les états enfin ne se ruinent; & la justice est si nécessaire, que rien ne peut subsister long-temps sans elle, ni dans le ciel, ni sur la terre, ni dans les enfers. C'est pourquoy, Themis, la Déesse de la Justice, est assise aux costez du trosne de Jupiter; Nemesis où la vengeance, principal Ministre de la Justice, est aux costez du trosne de Pluton; & la Loy est dans les villes sur le trosne des Princes & sur le siége des Magistrats; de maniére que celuy qui viole la justice, se rend coupable envers* le Dieu du ciel, envers le Dieu des enfers, & envers la Loy qui eſt la Reyne de la terre, & à qui les Princes & les Magiſtrats doivent eſtre ſoumis. Et ſur l'exercice de la juſtice, il leur diſoit, *que les Juges qui ne puniſſent pas les méchants, ſe rendent complices de leurs crimes, & veulent que les bons apprennent à le devenir.*

Le troiſiéme Conſeil, fut *d'eſtre bien perſuadez, qu'il n'y a pas de plus grand malheur, que l'anarchie.* Il eſt impoſſible que les états ſoient heureux ſans quelqu'un qui les gouverne ; & quand meſme les Loix d'une ville ou d'un état ne ſeroient pas fort bonnes, il leur eſt encore plus avantageux d'y perſiſter, que de s'en départir, à moins que ce ne ſoit d'un conſentement général, pour ſe ſoumettre à de meilleures : car il n'y a plus de ſalut pour un état, dés que l'on s'éloigne des Loix receuës, & que chacun vit à ſa fantaiſie & devient ſon Legiſlateur, l'independance étant la perte & la ruine des hommes.

Le quatriéme, fut *de n'abuser point du nom des Dieux dans les sermens, & de se rendre tels que personne ne pust justement refuser de les croire sur leur parole;* car, leur disoit-il, *Il est impossible qu'une ville qui a cette réputation, ne soit toûjours heureuse, & l'arbitre de ses voisins.*

Il leur dit, que le mary devoit estre fidéle à sa femme, & la femme fidéle à son mary; & *qu'il n'y avoit rien de plus injuste, ni de plus capable d'attirer les plus grands malheurs, que de confondre les familles par l'adultére, en y inserant des estrangers.*

En général, il leur recommandoit la tempérance comme la vertu de tout sexe & de tout âge, & la seule qui conserve en mesme tems les biens du corps, & ceux de l'esprit: & pour relever cette vertu, il faisoit remarquer par l'histoire mesme, les horreurs du vice contraire. *Dans quel abysme de malheurs,* leur disoit-il, *l'intempérance d'un seul homme n'a-*

t-elle pas plongé les Grecs & les Troyens ! à peine peut-on discerner lesquels ont été les plus misérables, des vaincus ou des vainqueurs !

Il les exhorta à bannir la paresse & l'oisiveté, & à faire en sorte que chacun se portast à la vertu, moins par la crainte de la Loy, que par l'honnesteté seule.

Il leur expliqua ce que c'est que la véritable gloire, & leur fit connoistre que pour l'acquérir, le seul moyen étoit de se rendre tels qu'ils vouloient paroistre aux autres. *Le conseil, ajouta-t-il, est une chose sacrée ; & vous avez raison de l'estimer : mais il n'est pas si sacré que la loüange ; car le conseil ne regarde que les hommes, & la loüange est le partage des Dieux à qui elle est particuliérement deuë. Pour mériter la loüange, il faut donc travailler à ressembler aux Dieux.*

Il leur apprit que Dieu est seul l'auteur & la source de tout bien ; & que de chercher ce bien ailleurs qu'en Dieu, c'étoit tomber dans le ridicule de ceux, qui dans la Cour d'un grand Prince, négligeroient le maistre pour ne s'attacher qu'à ses officiers.

Il leur repréſenta que ceux qui briguent les prémiers poſtes dans un état, doivent imiter ceux qui courent dans les jeux publics; comme ces derniers ne cherchent pas à faire du mal à leurs Antagoniſtes; mais ſeulement à mieux courir, & à remporter la victoire: de meſme ceux qui aſpirent aux premiéres places, ne doivent en nulle façon nuire à leurs concurrents; mais taſcher de remporter ſur eux l'avantage, en propoſant des choſes plus avantageuſes & plus utiles à ceux qu'ils veulent gouverner.

Enfin il leur fit voir qu'ils ne devoient imputer tous les deſordres qui régnoient dans leur ville, qu'à la mauvaiſe éducation qu'ils donnoient à leurs enfans. *Il n'y a rien*, dit-il, *de plus ridicule, ni de plus inſenſé, que ce que font tous les péres: Ils ont grand ſoin de leurs enfans dans le prémier âge; mais dés que ces enfans* entrent dans l'âge le plus impétueux, & le plus boüillant, & qui est le rendez-vous des passions les plus dangéreuses, ils les abandonnent à eux-mesmes, & les laissent les maistres de leur conduite ; & c'est alors qu'ils devroient redoubler leurs soins, & donner à ces enfans des gouverneurs ou des maistres capables de les retenir, & de les empescher d'aller se briser contre les éceueils, dont ils sont environnez dans cette mer si orageuse.

Les Magistrats ravis de l'entendre, non seulement luy permirent, mais le priérent de continuer ses instructions dans les temples, à leurs femmes & à leurs enfans : souvent ils alloient eux-mesmes l'entendre, & on y accouroit de toutes les villes des environs.

Il ne laissa pas de trouver d'abord de grands obstacles à la reforme qu'il vouloit établir. Une ville entiére ne passe pas si facilement tout d'un coup de la licence à la régle, & des excés de la débauche à la tempérance & à la frugalité. Mais par sa constance & par sa patience, il surmonta toutes ces difficultez qui ne servirent qu'à faire davantage éclater son mérite, & la haute idée qu'on avoit de luy.

Il continua donc tranquillement ses leçons publiques, & toûjours dans les temples, pour ne rien enseigner que sous les yeux de la divinité, & pour faire entendre que Dieu étant le pére des lumiéres, & le seul maistre qu'on doit suivre, c'est de luy qu'on doit tirer toutes les instructions qu'on entreprend de donner.

En parlant aux enfans, il leur représentoit, que *l'enfance étant l'âge la plus agréble à Dieu, & celuy dont il a le plus de soin, il étoit juste qu'ils travaillassent à la conserver pure, & à l'orner de toutes les vertus. Les Dieux ne refusent rien à vos priéres,* leur disoit-il, *& dans les temps de sécheresse & de stérilité, ils accordent à vos cris les pluyes & l'abondance: seriez-vous donc assez ingrats pour refuser aux Dieux ce qu'ils vous de-*

mandent, & qu'ils ne vous demandent que pour voſtre utilité.

Il leur enſeignoit à ne commencer jamais les quérelles, & à ne chercher jamais à ſe venger. A ceux qui étoient plus avancez en âge, il donnoit des préceptes plus forts. Il leur diſoit, par éxemple, que *les choſes difficiles contribuent plus à la vertu que les choſes agréables ; que l'aſſoupiſſement de l'eſprit eſt le frére de la véritable mort ; que toutes les paſſions de l'ame ſont plus cruelles que les Tyrans, & les ennemis du bonheur ; qu'il faut faire de grandes choſes ſans les annoncer & ſans les promettre ; qu'il n'y a rien de plus dangereux, que de tenir dans la vie pluſieurs chemins ; que la tempérance eſt la force de l'ame, car elle eſt la lumiére de l'ame délivrée du joug des paſſions.*

Pour rabaiſſer, & diminuer l'orgueil & la confiance que donnent preſque toûjours les choſes extérieures, il leur diſoit, *les richeſſes ſont un ancre bien foible ; la gloire encore* plus foible ; la beauté, & la force du corps, les postes, les dignitez, l'autorité, le crédit, ancres encore trés-foibles & trés-infidéles. Quelles sont donc les bonnes ancres ! la piété, la prudence, la magnanimité, le courage. Voila les ancres qu'aucune tempeste ne peut emporter ni ébranler; car telle est la Loy de Dieu, qu'il n'y ait de véritable force que dans la vertu, & que tout le reste ne soit qu'infirmité, que misére.

Les instructions qu'il donnoit aux femmes n'étoient ni moins graves, ni moins touchantes. Pour les guérir de la magnificence & de la somptuosité qu'elles retenoient encore pour les sacrifices & pour les offrandes, où la vanité a toûjours plus de part que la Religion, il leur enseignoit à n'offrir aux Dieux, que ce ce qu'elles auroient fait de leurs propres mains, & qu'elles pourroient mettre sur l'autel, sans le secours de personne ; les offrandes ne devant estre ni riches, ni magnifiques, comme si c'étoient les derniéres que l'on dust offrir.

Il porta la mesme réforme dans les sacrifices que les Crotoniates faisoient pour les morts, avec une profusion capable de ruiner les maisons les plus riches.

Il recommandoit aux femmes l'amour de leurs maris, & aux maris l'amour de leurs femmes, comme un devoir qui renfermoit tous les autres. Il leur représentoit que cette affection étoit si juste & si indispensable, que leurs péres & méres leur cédoient en quelque façon tous leurs droits, & consentoient qu'ils les abandonnassent pour vivre ensemble. Il citoit aux maris l'éxemple d'Ulysse, qui réfusa l'immortalité que Calypso luy offroit, à condition qu'il quitteroit Penelope : & il disoit qu'il n'y avoit pas de gens plus févérement punis dans les enfers, que les maris qui n'avoient pas bien vécu avec leurs femmes, & les femmes qui n'avoient pas bien vécu avec leurs maris.

Aprés que Pythagore eut ainsi reformé les mœurs des Citoyens, & qu'il les eut rétirez des desordres grosfiers où ils étoient plongez, il pensa à poser des fondemens solides de la sagesse dont il faisoit profession, & à établir sa secte, afin que les semences de vertu qu'il avoit déja jettées dans les cœurs, entretenuës & cultivées par ceux qui luy succéderoient, passassent d'âge en âge, & qu'elles portassent toûjours les mesmes fruits aprés sa mort.

Il ne faut pas s'étonner si la foule des disciples s'offroit à un homme dont on avoit déja vû des effets si merveilleux. Il en venoit de Grece & d'Italie : mais de peur de verser dans des vaisseaux corrompus les tresors de la sagesse, il ne recevoit pas indifféremment tous ceux qui se présentoient, & il prenoit du temps pour les éprouver; car il disoit toûjours, *que toute sorte de bois n'est pas propre à faire un Mercure*, c'est à dire, que tous les esprits ne sont pas propres aux sciences.

Il considéroit d'abord leur physionomie, d'où il tiroit des indices de leurs inclinations ; il observoit leurs discours, leur ris, leur démarche ; il s'informoit de leur conduite, de leurs commerces, de leurs occupations ; & il éxaminoit avec grand soin, à quoy ils étoient le plus senfibles.

Quand il leur trouvoit les difpofitions néceffaires, avant que de les recevoir, il éprouvoit leur conftance par de longs délais. Content de leur perfevérance, il les admettoit à fon noviciat, qui étoit trés-rude; car il avoit trouvé la méthode des Egyptiens fi raifonnable & fi jufte, qu'il voulut l'imiter, en ne communiquant fa doctrine qu'à ceux qu'il auroit éprouvez par toutes les auftéritez qu'il avoit effuyées. Il donna donc à fes difciples les régles des Preftres Egyptiens qui paroiffent les mefmes que celles des Philofophes des Juifs, qu'on appelloit Efféens. Et il ne faut pas douter que les Religieux de la primitive Eglife n'ayent tiré de là toutes les différentes épreuves dont ils fe fervoient pour s'élever à une vie fi parfaite; car les Chrétiens ont fort bien pû imiter les couſtumes les plus ſaines des Gentils, comme les Hebreux avoient pû convertir à leur uſage les dépouilles des Egyptiens. On peut dire meſme que les Chrétiens ne faiſoient en cela que reprendre leur bien ; car en remontant juſqu'à la premiére origine de ces régles, on trouve que les Gentils les avoient priſes des Nazaréens, & des anciens Patriarches, c'eſt à dire, de la ſource meſme de la vérité. Pythagore aſſujettiſſoit donc d'abord ſes diſciples à un ſilence de cinq ans, pendant leſquels ils ne devoient qu'écouter, ſans oſer jamais faire la moindre queſtion, ni propoſer le moindre doute. Ces cinq années de ſilence ſe reduiſoient quelquefois à deux, pour ceux en qui il voyoit des qualitez extraordinaires, & un naturel excellent. Pendant le temps de ce noviciat, ces diſciples étoient appellez *écoutants* ; ἀκουςικοί. & quand on les croyoit aſſez inſtruits dans la ſcience ſi difficile d'écouter & de ſe taire, ils étoient admis, & on leur donnoit la liberté de parler, de propoſer leurs doutes, & d'écrire ce qu'ils entendoient, & alors ils étoient appellez *initiez aux sciences* : mais ce qu'il y a de digne de remarque, c'est que de ce silence il en sortoit souvent des hommes plus sçavants & plus habiles, qu'il n'en sort ordinairement des écholes où les disputes, toûjours précipitées, devancent le sçavoir, où l'on souffre que la raison soit combattuë, & où c'est vaincre que de ne pas se rendre à la vérité. Tant il est vray que le silence est la véritable voye de l'instruction; c'est pourquoy Salomon a dit dans l'Ecclesiaste, que *les paroles des sages sont écoutées dans le silence.* Long-temps avant Pythagore, le Roy Numa instruit de la vertu du silence, avoit ordonné aux Romains d'honorer particuliérement une des Muses, sous le nom de *Muse tacite, (Muete)* pour leur recommander par là le silence, comme le seul moyen qui donne à l'ame la docilité, & qui peut l'initier aux mystéres de la sagesse : en effet la langue ne doit estre que l'instrument de la raison, &

la raison ne se forme que par les sciences.

Quand Pythagore avoit ouvert la bouche à ses disciples, il ne leur donnoit pas pourtant la liberté de parler sans mesure & sans bornes ; car il leur disoit toûjours, *Il faut ou se taire, ou dire des choses qui vaillent mieux que le silence. Jettez pluftoft une pierre au hazard, qu'une parole oyseuse & inutile ; & ne dites pas peu en beaucoup de paroles ; mais en peu de paroles, dites beaucoup.*

D'autres, comme Porphyre, prétendent, & peut-estre avec plus de raison, que ces deux sortes de disciples n'étoient pas, pour ainsi parler, deux différentes classes où l'on montast de la moins parfaite à la plus parfaite ; mais que c'étoient deux états fixes, selon le choix que Pythagore faisoit des esprits ; car à ceux qu'il ne trouvoit pas propres à pénétrer les causes & les raisons des choses, il ne leur donnoit que le précepte sec & nu, *tu feras cecy, tu ne feras pas cela.* Et c'étoient ceux-là qui étoient appellez *écoutants.* Mais ceux en qui il appercevoit de la pénétration, & un génie capable d'aprofondir les matiéres, il les faifoit entrer avec luy dans le fecret des raifons, & il leur expliquoit les caufes de tout ce qu'il leur enfeignoit, & ceux-cy étoient appellez *initiez aux fciences.* C'étoient les feuls qu'il reconnoiffoit pour fes véritables difciples, & pour capables d'enfeigner. Quand on luy demandoit la raifon de cette différence, il répondoit qu'il ne fçavoit pas forcer la nature, & qu'en donnant aux plus groffiers le précepte nu, & aux plus fubtils la raifon du précepte, il ne faifoit aucun tort aux prémiers. Ils font, ajouftoit-il, au mefme état que les malades qui appellent un Médecin, & qui ne laiffent pas de guérir de leurs maladies, s'ils éxecutent ce qu'il a ordonné, quoyque le Médecin ne faffe que préfcrire les remédes dont ils ont befoin, fans leur expliquer les raifons de fes ordonnances.

D'abord aprés le noviciat, les disciples avant que d'eſtre admis, étoient obligez de porter en commun tous leurs biens, qu'on mettoit entre les mains de gens choiſis, qui étoient appellez *œconomes*, & qui les adminiſtroient avec tant de fidélité & de ſoin, que lorſque quelqu'un venoit à ſe retirer, il remportoit ſouvent plus qu'il n'avoit porté.

Si quelqu'un de ces diſciples aprés avoir couru quelque temps dans cette carriére, venoit à ſe laſſer, & à quitter cette profeſſion pour ſe replonger dans ſa premiére vie, tous les autres le regardoient comme mort, faiſoient ſes obſéques, & luy élevoient un tombeau, pour faire entendre, que ſi un homme, aprés eſtre entré dans les voyes de la ſageſſe, vient à les quitter, il a beau ſe croire vivant, il eſt mort. Et il y a de l'apparence que les Grecs avoient emprunté cette idée des Hebreux, à qui elle étoit familiére, comme nous le voyons par l'expreſſion de ſaint Paul, qui en parlant de la veuve qui vit dans les delices, dit,

Vivens mortua est. 1. ad Tim. 6. elle est morte, quoyqu'elle paroisse vivante.

Pythagore estimoit extrémement la musique, il la regardoit comme quelque chose de céleste & de divin, & il la jugeoit trés-nécessaire pour calmer les passions de l'ame, & pour les adoucir & les domter. C'est pourquoy il vouloit que ses disciples commençassent par là leur journée, & qu'ils la finissent de mesme le soir.

Aprés quelques momens donnez le matin à cette sorte de musique, Pythagore menoit ses disciples se promener dans des lieux agréables, & aprés la promenade, il les conduisoit au temple; car il disoit, *qu'il n'y avoit rien de plus mal entendu, & de plus contraire à la tranquillité de l'ame, que d'aller dés le matin dans le monde se plonger dans le tumulte des affaires, avant que d'avoir calmé son esprit, & de l'avoir mis par la musique, par la méditation, & par la priére, dans l'assiéte la plus convenable, & la plus digne de l'homme.*

A la sortie du temple ils faisoient quelques éxercices pour la santé; ensuite ils disnoient d'un peu de pain & de miel, sans vin : aprés le disner ils vacquoient aux affaires publiques ou domestiques selon leurs emplois: leurs affaires finies, ils se promenoient comme le matin, alloient au bain, & soupoient avant le coucher du Soleil. Leur souper étoit ordinairement du pain, des herbes, quelque portion des victimes du sacrifice, rarement du poisson, & un peu de vin. A la fin du repas on faisoit les libations ; ce qui étoit suivi de quelque bonne lecture, que le plus âgé de la table, comme président, faisoit faire par le plus jeune. Aprés la lecture, on faisoit encore une libation ; & le président congedioit l'assemblée, en luy donnant à méditer quelque symbole de leur maistre. Mais avant toutes choses, il faut expliquer ce que c'est que ces symboles de Pythagore.

J'ay déja dit que les Egyptiens étoient fort reservez à découvrir les secrets de leur philosophie, ils ne les decouvroient qu'aux fouls Preftres, & à leurs Rois, encore falloit-il que ces Rois fuffent auparavant receus dans l'ordre de preftrife. Ils croyoient que ce fecret leur étoit recommandé par l'éxemple de leurs Dieux mefme, qui ne fe laiffoient voir aux mortels qu'à travers des ombres : c'eft pourquoy il y avoit à Saïs, ville d'Égypte, une Statuë de Pallas, la mefme qu'Ifis, avec cette infcription : *Je fuis tout ce qui eft, qui a été, & qui fera ; & pas un mortel n'a encore ofté le voile qui me couvre*, pour faire entendre que la fageffe de Dieu eft incompréhenfible, & toûjours couverte d'un voile. C'étoit pour recommander ce fecret, que les mefmes Egyptiens mettoient à la porte de leurs Temples des Sphinx qui marquoient, que leur théologie étoit énigmatique, & que pour la pénétrer, il falloit percer les ténébres & les ombres des termes obfcurs, & des figures qui la cachoient. Dans la néceffité donc de ne pas divulguer leurs myftéres, ils avoient trois fortes de style ; le simple, l'hieroglyphique, & le symbolique. Dans le simple, ils parloient clairement, & intelligiblement, comme dans la conversation ordinaire ; dans le hieroglyphique, ils cachoient leurs pensées sous certaines images, ou certains caracteres ; & dans le symbolique, ils les expliquoient par des expressions courtes qui sous un sens simple & propre, en renfermoient un figuré.

Heraclite a parfaitement exprimé la difference de ces trois styles, par ces trois mots, *parlant, cachant, & signifiant*. Dans le prémier, ils parloient, sans envelope ; dans le second, ils cachoient sous des images, & des caracteres ; & dans le troisiéme, ils désignoient, ou signifioient, c'est à dire, qu'ils donnoient des signes & des figures de ce qu'ils vouloient enseigner. Et cette derniére maniére étoit la symbolique.

Loquens, celans, significans.

Pythagore emprunta des Egyptiens ces trois maniéres, dans les instructions qu'il donnoit ; car il parloit simplement & clairement, quand il disoit par éxemple, *que, ce qui est souverainement juste, c'est de prier & de sacrifier ;* que, *ce qu'il y a de plus sage dans les choses humaines, c'est la médécine ; de plus beau, l'harmonie ; de plus fort, le bon sens ; de meilleur, la félicité ; de plus vray, que les hommes sont méchants.*

Il imita le style hieroglyphique ; car pour marquer un Dieu créateur de tous les estres, il prénoit tantost le *quaternaire,* & tantost l'*unité ;* & pour dire la matiére, ou ce monde visible, il prenoit le *deux,* comme je l'expliqueray dans la suite.

Enfin, il imita sur tout le style symbolique, qui n'ayant ni l'obscurité des hieroglyphes, ni la clarté du langage ordinaire, luy parut trés-propre à inculquer les plus grandes & les plus importantes véritez ; car le symbole, par son double sens, qui est le propre & le figuré, enseigne en mesme temps deux choses, & il n'y a rien qui plaise davantage à l'esprit que cette double image qu'il fait envisager d'un coup d'œil. D'ailleurs, comme Demétrius Phalereus l'a remarqué, le symbole a beaucoup de gravité & de force, & il tire de sa briéveté un aiguillon qui pique, & qui fait qu'on ne l'oublie pas facilement.

Voila l'origine des symboles, par le moyen desquels Pythagore enseignoit sa doctrine sans la *divulguer*, & sans la *cacher*, pour me servir encore des termes d'Heraclite.

<small>Nec loquens, nec celans, sed significans.</small>

Le but de la Philosophie de Pythagore étoit de dégager des liens du corps l'esprit, sans lequel il est impossible de rien voir & de rien apprendre; car comme il l'a dit, le prémier, c'est l'esprit seul qui voit, & qui entend, tout le reste étant sourd & aveugle. Et parce qu'il concevoit l'ame un composé de deux parties créées ensemble, de la partie intelligente, qu'il appelloit *Esprit*, & * de la partie corporelle, qu'il appelloit *ame, corps lumineux,*

---

* Ils concevoient cette partie corporelle, comme une substance spirituelle, & d'une matiére trés-subtile; comparée à l'entendement, à l'esprit, elle étoit corps; & comparée au corps terrestre, elle étoit esprit.

& *char subtil de l'ame*, comme je l'expliqueray dans la suite, il enseignoit à purger également ces deux parties : La derniere, par les abstinences, les initiations, les purifications, & les sacrifices qu'il avoit appris des Egyptiens, & des Chaldéens, & qu'Heraclite appelloit des *médécines*, car il croyoit que cette partie étoit dégagée par là des liens de la matiére, & renduë capable par sa pureté, d'avoir quelque communication avec les Dieux & la prémiére, la partie intelligente, il la purgeoit par la connoissance de la vérité, qui consiste à connoistre les choses immatérielles & éternelles. Pour cet effet il avoit recours à des moyens analogiques à ceux dont il se servoit pour le *char subtil de l'ame*. Ces moyens étoient premiérement, les sciences mathematiques, qui répondoient aux purifications, & aux initiations ; & en suite, la Dialectique, qu'il regardoit comme l'inspection intime de l'objet de ces sciences, c'est à dire, de la vérité, & par consequent, comme la seule capable d'achever la délivrance de l'ame. Il commençoit donc par les sciences Mathématiques, parce que tenant le milieu entre les choses corporelles, & les incorporelles, elles peuvent seules détacher l'esprit des choses sensibles, & le porter aux estres intelligibles. Voila pourquoy il avoit recours sur tout aux nombres ; parce que ne pouvant expliquer assez intelligiblement par le discours, ce que sont les premiéres espéces, les premiers principes, il en faisoit la démonstration par les nombres. Ainsi pour faire entendre l'unité, l'identité, l'égalité, la stabilité du prémier principe qui est la cause de la creation, de l'union, de la sympathie, & de la conservation de cet univers, il appelloit ce prémier principe, *un*, ou *unité*; & pour expliquer la diversité, l'inégalité, la divisibilité, & les changements continuels de ce qui n'est jamais le mesme, ni dans le mesme état, c'est à dire de la matiére, il appelloit cette matiére, *deux*; car telle est la nature du deux dans les choses particuliéres, il separe, il divise ; & il y a bien de l'apparence que c'est là toute la finesse que Pythagore entendoit dans les nombres ; il les employoit comme types, comme signes, & nullement comme causes ou principes. Mais aprés luy ses disciples jettérent dans sa doctrine un myſtére qu'il n'y avoit point entendu, & ce fut ce qui leur attira la censure d'Ariſtote qui les combat dans le XII. livre de sa Metaphyſique.

Si Pythagore avoit reconnu une ſi grande vertu dans les nombres, il n'eſt pas croyable qu'il n'en euſt donné quelque marque dans les symboles, ou dans les préceptes qui nous reſtent de luy. Tout ce qu'on en trouve, marque qu'il ne prenoit ces nombres que comme des ſignes, à cauſe des convenances & des priétez qu'il y remarquoit. Ses prémiers disciples suivirent sa doctrine sans la corrompre par de vaines imaginations. Et voicy sur cela mes conjectures.

Ceux qui avoient été en Egypte

avant Pythagore, comme Thalés, Solon, &c. avoient bien rapporté en Grece quelque connoiſſance du véritable Dieu ; mais c'étoit toûjours à leurs Dieux qu'ils attribuoient tout ce qu'ils avoient appris de ce prémier eſtre. Pythagore fut le prémier, qui mieux inſtruit que les autres, y apporta le véritable nom de Dieu, avec l'intelligence de toute la force, & de la vertu de ce ſaint nom, qu'il communiqua à ſes diſciples, ſous le nom de *quaternaire;* Car le *quaternaire* de τετρακτύς Pythagore n'eſt que le nom ineffable, ou le *Jehovah* des Hebreux. Ce Philoſophe ayant appris ce grand nom, ou dans les livres de Moyſe, ou dans le commerce des Juifs, & voyant qu'en Hebreu il étoit juſtement de quatre lettres, le traduiſit en ſa langue par ce nombre de *quatre :* & une marque de cette vérité, c'eſt qu'il donna la véritable explication de ce mot, telle qui l'avoit appriſe, & telle que nous l'a conſervée dans les Vers dorez Lyſis l'ami particulier, & le prémier diſciple de ce Philoſophe ; car cet auteur l'explique tout simplement, en appellant le quaternaire, *la source de la nature qui coule toûjours;* ce qui n'est autre chose que l'explication du terme *Jehovah*, qui signifie proprement, *source de tout ce qui a receu l'estre.* Pour peu que Pythagore eust donné dans le mystére des nombres, c'étoit là une belle occasion de debiter ces étonnantes chiméres d'un *quatre,* qui a tout produit par une vertu attachée à ce nombre. Mais ce ne furent que les successeurs de ces prémiers disciples, qui donnérent dans ces visions. La pluspart des choses du monde, en s'éloignant de leur origine, s'éloignent aussi de leur premiére simplicité, comme les sources prennent la teinture & les qualitez des terres qu'elles traversent.

Deux raisons encore peuvent confirmer dans cette pensée. La premiére, qu'Aristote mesme, en combattant cette fausse idée des nombres, *qu'ils sont le principe des choses,* l'attribuë toûjours, non à Pythagore, mais aux Pythagoriciens.

[a] *Les Pythagoriciens*, dit-il, *font que tout procéde des nombres*. Et aprés luy, Ciceron : [b] *Les Pythagoriciens veulent que tout vienne des nombres, & des élements mathématiques* : Ils difent *les Pythagoriciens*, parce qu'en effet cette opinion ne dut fa naiffance qu'aux difciples qui fuccédérent à ceux que Pythagore avoit inftruits. Auffi Ariftote, dit-il, en quelque autre endroit, en parlant de cette opinion, *Quelques Pythagoriciens*, ce qui marque qu'ils n'étoient pas tous de ce fentiment.

Πυθαγορείων τινὶς. De cœlo. III. I.

La feconde raifon eft, que Socrate & Platon qu'on doit regarder comme les difciples de Pythagore, & qui élévent fi haut la fcience des nombres, ne reconnoiffent en eux aucune vertu generative, qu'entant qu'ils font propres à élever l'efprit à la connoiffance de la vérité, par leurs proprié-

---

[a] Πυθαγόρειοι εἶναι ἐποίησαν ἐξ ἀριθμῶν τὰ ὄντα. Metaphyf. lib. XII. cap. III.

[b] Pythagorei ex numeris & Mathmaticorum initiis proficifci volunt omnia. *Academic. quæft.* lib. II.

tez, & par leurs convenances. *La connoissance du prémier nombre, de l'unité*, dit Socrate, dans le VII. livre de la Republique, * *est une des choses qui élévent l'esprit, & qui en le détachant des choses sensibles, le menent à la contemplation de ce qui est véritablement.* Et je ne doute pas que ce ne soit là tout le myſtére qu'il faut chercher dans les cérémonies, & dans les théurgies, dont parle Proclus, qui n'employoient que les nombres, comme ayant feuls la vertu d'agir d'une maniére trés-particuliére, & qui par leur moyen opéroient les choses les plus grandes, & les plus ineffables.

Le préfent que Pythagore fit à ſes diſciples, en leur apprénant le nom du véritable Dieu, & toute la vertu de ce nom, parut une choſe ſi merveilleuſe, & fut receu d'eux avec tant de reconnoiſſance & de reſpect, qu'ils ne firent

---

* Καὶ οὕτω τῶν ἀγαθῶν ἂν εἴη, καὶ μεταστρεπτικῶν ἐπὶ τὴν τοῦ ὄντος θέαν, ἡ περὶ τὸ ἓν ἢ μάθησις.

pas difficulté de jurer par celuy qui leur avoit appris une vérité si grande & si importante. L'interpréte de ce nom auguste leur parut mériter un honneur divin : preuve certaine que les véritez qui découlérent de la connoissance de ce nom, furent plus lumineuses, que toutes celles qu'on avoit déja portées en Gréce.

Voicy une idée générale de la Theologie de Pythagore, toute fondée sur la connoissance de ce nom.

Theologie de Pythagore.

Il concevoit que Dieu ayant tout créé, il devoit estre avant toutes choses, & par conséquent unique ; mais comme il n'étoit pas possible que Dieu, dans la création, n'eust pas donné quelque image de luy-mesme, il enseignoit qu'il avoit d'abord créé les Dieux immortels, entiérement semblables à luy, & comme les images inaltérables & incorruptibles de cette premiére cause qui les avoit créez. Au dessous de ces Dieux, il reconnoissoit des substances moins parfaites qu'il appelloit *Démons* & *Héros* pleins de bonté & de lumiére, c'est à dire, les Anges & les autres esprits bienheureux; il les regardoit comme des images moyennes de ce prémier estre, les plaçoit en différentes sphéres, & vouloit qu'on les honorast tous selon l'ordre & le rang que la loy, qui n'est autre que la volonté du pére, leur avoit donné; c'est à dire, qu'il vouloit qu'on proportionnast leur culte à leur dignité, en rendant aux Dieux les prémiers honneurs, & aux Anges les seconds, sans jamais les confondre; & ce qui est trés-remarquable, il enseignoit, que l'honneur & le culte qu'on leur rendoit devoient se rapporter & se terminer au Dieu seul qui les avoit créez.

Au dessous de ces Héros ou Anges, il mettoit les ames des hommes, qu'il appelloit avec raison les derniéres des substances raisonnables, comme il appelloit ces Anges les substances moyennes placées entre les Dieux immortels, & les ames des hommes, pour unir ces ames avec ces Fils de Dieu, & par eux avec Dieu mesme. De là il tiroit deux consequences qui me paroissent dignes d'une grande considération. La premiére, que quand les ames des hommes avoient dépoüillé dans ce monde toutes les affections charnelles, & qu'elles avoient orné & relevé leur nature par l'union avec Dieu, elles devenoient dignes des respects & des hommages des autres hommes; car tout homme qui aime & honore Dieu, doit aimer & honorer aussi tout ce qui ressemble à Dieu. Mais en ordonnant ce culte, il le régloit & le limitoit, comme on le verra dans les commentaires d'Hierocles.

La seconde conséquence qui n'est pas moins remarquable que la premiére, c'est que les ames des hommes étant les derniéres des substances raisonnables, elles étoient aussi les derniéres auxquelles les hommes pouvoient étendre leur culte, & qu'ainsi on ne devoit honorer aucune nature inférieure à celle de l'homme. Grand principe qui ruine toutes les religions des Payens, & sur tout celles d'Egypte, mére de l'idolatrie,

&, qui avoit transféré à des figures d'oyseaux, de bestes à quatre pieds, & de serpens, l'honneur qui n'est dû qu'au Dieu incorruptible.

Pythagore ne concevoit d'immatériel & d'incorporel, que le premier estre, qu'il appelloit un esprit qui pénétroit toutes les parties de cet univers, & qui échauffoit, animoit, & mouvoit toute la nature par sa présence. Tous les autres esprits, tant les Dieux immortels, que les Démons, ou Héros, il les concevoit revestus d'un corps lumineux, comme les astres qu'il appelloit aussi Dieux. On pourroit croire qu'il donnoit aussi un corps au prémier estre, sur ce qu'il disoit après les Egyptiens & les Chaldéens, que *Dieu a pour corps la lumiére, & pour ame la vérité* ; mais c'est une expression figurée, qui peut avoir été prise de ces paroles de David, *Seigneur, vous estes revestu de lumiére, comme d'un vestement.* Et ailleurs, *Faites éclater, Seigneur, votre lumiére & votre vérité.*

Il est certain que Pythagore en-

Amictus lumine sicut vestimento. Ps. 103. 2.
Emitte lucem tuam & veritatem tuam. Ps. 42. 3.

seignoit que ce prémier estre n'étoit ni passible, ni exposé aux sens, mais invisible, incorruptible, & intelligible. C'est pourquoy il deffendoit de mettre dans les temples aucune figure de Dieu ni moulée, ni peinte, estimant que c'étoit un sacrilége que de représenter par des choses terrestres & périssables, ce qui est éternel & divin. Il est aisé de voir que Pythagore avoit pris cette deffense dans les livres des Hebreux, & c'est une chose assez surprénante, que dans le temps mesme de l'idolatrie, & lorsque les Idoles des faux Dieux paroissoient par tout dans les temples & dans les cérémonies des religions payennes, un Philosophe payen ait condamné hautement ce culte, & enseigné la vérité.

Il tenoit que l'air étoit plein de ces esprits qu'il appelloit Démons & Héros, & qu'il regardoit comme les ministres du Dieu suprême : & il disoit que c'étoient ces esprits ou genies qui envoyoient aux hommes & aux animaux mesmes les songes, la santé &

les maladies, & que c'étoit aussi à eux que se rapportoient & se terminoient les purifications, les expiations, les divinations, & autres céremonies. Opinion qu'il avoit prise des Egyptiens & des Chaldéens, qui ne concevant d'immatériel & d'incorporel que le prémier estre, & donnant des corps aux autres Dieux, & aux Anges, étoient tombez dans cette erreur de croire qu'il n'y avoit que ces substances corporelles qui agissent sur les hommes & sur les animaux, & que les fumées des sacrifices, & toutes les choses terrestres, qu'on employoit dans les purifications & dans les initiations, ne pouvoient approcher du seul Dieu pére & créateur, qui étoit impassible & inaltérable; mais que par la force de l'opération divine, qu'ils appelloient *theurgie*, elles pouvoient affecter les Dieux corporels. Voila le fondement des purifications & des expiations publiques & particulieres que Pythagore pratiquoit : Les publiques, pour purifier les villes, & pour éloigner les maux qui les affligeoient, ou qui les menaçoient; & les particuliéres, pour délivrer l'ame, & pour la purger des soüilleures qu'elle avoit contractées par la contagion du corps. On prétend que par ces purifications publiques, il avoit délivré Lacedemone de la peste à laquelle elle étoit fort sujette.

Il avoit connu cette grande vérité, que Dieu étant l'essence mesme de la bonté, & cette bonté étant la seule cause de la création des estres, il avoit créé chaque chose dans l'état qui étoit le meilleur pour chacune. D'où il tiroit ces consequences, que le mal ne pouvoit venir de Dieu, & que Dieu recompensoit les bons, & punissoit les méchants. Mais sur ces punitions il enseignoit une fausse doctrine; car il croyoit que les peines de l'autre vie n'étoient pas éternelles, & qu'elles étoient seulement une punition, une correction, pour guérir les ames, & pour les rendre dignes de retourner au lieu de leur origine, aprés qu'elles auroient recouvré leur premiére pureté.

Il concevoit la création d'une maniére bien sublime, & bien digne de la majesté de Dieu; car il disoit que c'étoit la pensée seule de Dieu, & sa volonté qui avoient tout créé, c'est à dire que *créer* pour Dieu, c'est *penser & vouloir*; & que tout a éxisté par la seule détermination de sa volonté & de sa pensée. Ce qui explique admirablement le sublime de cette expression de Moïse, *Dieu dit que la lumiére soit, & la lumiére fut*; car *Dieu dit*, n'est autre chose que Dieu *pensa*, Dieu *voulut*. Tout se hasta de comparoistre & d'obeir à sa volonté & à sa pensée, comme à un ordre vivifiant, à un ordre qui appelle ce qui n'est point, comme ce qui est.

* Ciceron écrit que Phercyde fut le prémier qui dit que l'ame étoit immortelle. Il veut dire que ce fut le prémier des Philosophes Grecs; car long-temps avant luy cette opinion

* *Pherecydes Syrus primus dixit animos hominum esse sempiternos.* Cic. 1. *Tuscul. quæst.* c. 156.

estoit établie chés les Egyptiens. Pythagore aprés en avoir pris la premiére teinture dans l'échole de son maistre Pherecyde, s'y confirma pleinement en Egypte. Mais en prénant le dogme, il prit aussi les erreurs, dont les Egyptiens l'avoient presque entiérement défiguré, & dont long-temps avant Pythagore, on voyoit des traces dans les Vers d'Homére, qui avoit puisé dans les mesmes sources.

Toute cette opinion de Pythagore & des Egyptiens sur la nature de l'ame, mérite d'estre expliquée au long; car elle est ordinairement fort mal entenduë, & elle sert à l'intelligence des anciens, sur tout d'Homére & de Virgile, qui ont tous deux tenu la mesme doctrine.

Ceux qui ont fait la vie de Pythagore, & qui nous ont rapporté ses sentimens, ne se sont pas attachez à nous bien expliquer sa pensée sur la nature de l'ame. Il faut donc la chercher dans les écrits de ses disciples; & aucun n'en a parlé plus à fond que Timée de Locrés, que Platon

Voyez les remarq. sur la p 98. d'Hierocles.

a expliqué. Nous voyons par là qu'il concevoit l'ame de l'homme de mesme nature que celle de l'univers, & que celle des Démons, ou Héros, c'est à dire, des Anges; mais un peu moins parfaite, & qu'il enseignoit que des restes de cette ame universelle, qui étoit un composé de la substance spirituelle qu'il appelle *entendement*, & *esprit*, & des quatre elements, c'est à dire un composé du *mesme*, & de *l'autre*, Dieu avoit formé toutes les ames. Ainsi ce n'est pas sans raison, qu'Aristote dit que Platon dans le Timée, fait l'ame des quatre elements, c'est à dire, de la quintessence des quatre elements, ausquels il a ajousté l'esprit, la partie spirituelle, & intelligente. Mais ce dogme de Pythagore n'étoit pas un dogme nouveau qu'il eust imaginé, c'étoit le dogme ancien qu'il avoit trouvé tout établi chés les Egyptiens, où Homére l'avoit appris. Pythagore ne fit que le corriger en un seul point. Et voicy quelle étoit cette ancienne Theologie.

Les Egyptiens & les anciens Grecs

imaginoient l'ame comme un composé d'entendement & d'ame, créez ensemble. Ils appelloient *ame*, & *char de l'ame*, le corps delié & subtil, dont l'entendement étoit revestu. Ils enseignoient que ce corps subtil, ce char, étoit fourni par la Lune, & l'entendement par le Soleil; ce que Pythagore exprima ensuite en ces termes, que *l'ame étoit tirée de l'æther chaud & froid.* Et ils concevoient que cette ame venant animer le corps terrestre, se mouloit sur la forme de ce corps, comme la fonte prend la figure du moule où on la jette, & qu'elle remplit. Qu'aprés la mort, ou la séparation de cette ame & de ce corps terrestre, l'ame entiére, c'est à dire l'entendement, & son char subtil, s'envoloit au dessous de la Lune, que celle qui avoit mal vécu restoit dans le gouffre appellé *Hecaté, & le champ de Proserpine,* où elle souffroit les peines qu'elle avoit méritées par ses péchez, & achevoit de se purger de toutes les impuretez qu'elle avoit contractées par son union avec le corps; & celle qui avoit bien vécu alloit au dessus de la Lune. Que là arrivoit enfin une seconde mort, c'est à dire, la séparation de l'entendement & de l'ame, ou du char subtil. Que l'entendement se réunissoit au Soleil, & l'ame ou le char subtil restoit au dessus de la Lune, où étoient placez les champs Elysées, & qu'elle y conservoit la figure du corps qu'elle avoit animé, de sorte qu'elle étoit la véritable image de ce corps : c'est pourquoy aussi les Grecs l'appelloient *Idole*, & les Latins, *Image*. Homére en parlant des ombres qui sont dans les enfers, les appelle toûjours indifféremment *ames* & *idoles*, c'est à dire, *images*. Mais nulle part ce grand Poëte n'a expliqué plus nettement cette Theologie, que dans l'onziéme livre de l'Odyssée, où Ulysse, en parlant de ce qu'il avoit vû dans les enfers, dit, * *Aprés Sisyphe j'apperceus le divin Hercule, c'est à*

ἔιδωλον.

* Τὸν δὲ μέτ' εἰσενόησα βίην Ἡρακληείην,
Εἴδωλον. αὐτὸς δὲ μέτ' ἀθανάτοισι θεοῖσι,
Τέρπεται ἐν θαλίης.

dire

dire son image ; car pour luy, il est avec les Dieux immortels, & assiste à leurs festins. Pour luy, c'est à dire, son entendement, la partie la plus divine de son ame ; & son *Idole*, c'est à dire, la partie lumineuse de l'ame, le corps délié & subtil dont l'entendement étoit revestu. Virgile fait parler Didon selon cette ancienne Théologie qui étoit la seule receuë dans ces temps-là, lorsqu'elle dit,

Et nunc magna mei sub terras ibit imago.

Mon image, l'image entiére de ce corps terrestre, s'en va dans les enfers. On voit pourquoy elle appelle cette image, *magna, grande, entiére,* c'est, parce qu'elle étoit de mesme taille que le corps.

Pythagore suivoit cette mesme doctrine, excepté le dogme de la seconde mort, qui faisoit la séparation de l'entendement & de l'ame, ou du char subtil de l'ame ; car il tenoit que ces deux parties étant nées ensemble, étoient inseparables ; qu'il n'y avoit qu'une seule mort qui séparoit l'ame

& le corps mortel, & que l'entendement toûjours uni à son char, retournoit à son astre.

Virgile a fort bien expliqué ce retour des ames dans les astres d'où elles étoient descenduës, lorsqu'il a dit dans le iv. liv. des Georgiques,

——— *Nec morti esse locum,*
sed viva volare
Sideris in numerum.

Il n'y a plus de mort; mais tous ces estres pleins de vie retournent dans les astres qui font ensemble une merveilleuse harmonie. Et, pour dire cela en passant, ces mots *sideris in numerum*, ne signifient pas *in modum siderum*, *comme des astres*; car ce n'étoit nullement l'opinion de Pythagore, mais *in sidera numerosa*, *dans les astres qui font une harmonie;* car Pythagore parloit beaucoup de l'harmonie des astres & des cieux, il se vantoit mesme de l'entendre.

Voilà donc ce partage si célébre que les Egyptiens, & aprés eux les Pythagoriciens, faisoient de l'homme en trois parties, en *entendement*, en *ame*, & en *corps terreftre & mortel*. Il n'y a pas d'apparence que des hommes fi fenfez ayent eu d'eux-mefmes une opinion fi extravagante, & qu'ils ne l'ayent pas tirée de quelque vérité mal entenduë, qui ait donné lieu à cette erreur. Voicy ma penfée. L'ancienne Theologie des Hebreux parloit de l'homme felon ces trois rapports, *mens, anima, & corpus* ; *l'efprit, l'ame, & le corps* ; comme nous le voyons par l'Ecriture fainte. Ces Philofophes donc, ne comprénant pas le fens de ce partage, ont imaginé fur cela ces trois parties, *l'entendement*, comme la partie fpirituelle de l'ame ; *l'ame* ou *le char de l'ame*, comme le corps fubtil & délié, dont l'entendement étoit revétu ; & *le corps terreftre*, comme animé par l'ame, c'eft à dire par le corps fubtil. Il eft donc trés-vrayfemblable que de l'ame fpirituelle, & de l'ame fenfitive ou animale, ils ont fait ce compofé d'entendement & d'ame ; qu'ils ont mis *l'entendement*, pour juger des choses intelligibles, & l'ame pour juger des choses sensibles. On pourroit peut-estre éclaircir cette idée de Pythagore par cette comparaison : Dedale avoit fait une Venus de bois qui marchoit, & se mouvoit par le moyen du mercure dont il l'avoit remplie. Le bois, c'est le corps terrestre & mortel ; le mercure, qui se moule sur ce corps qu'il remplit, & qui par là en devient l'image, c'est l'ame, ou le char subtil de l'ame, qui par le moyen des esprits, porte par tout la vie & le mouvement. Qu'on ajouste à ces deux parties l'entendement ou l'esprit, l'ame spirituelle & intelligente, voila l'homme entier tel que Pythagore & les Egyptiens l'ont imaginé.

Les Rabbins assez féconds d'eux-mesmes en imaginations extraordinaires, se sont approprié celle-cy ; car ils ont dit tout de mesme, que l'ame étoit revestuë d'un corps subtil, qu'ils ont appellé, non pas *le char de l'ame*, comme Pythagore, mais *le vaisseau de l'ame*, ce qui est assez égal.

Une autre erreur dont la doctrine

de la nature de l'ame auroit été comme accablée, c'eſt le dogme de la metempſychoſe, ou du paſſage de l'ame en pluſieurs corps, ſoit d'hommes, ſoit d'animaux, s'il avoit été tel qu'on le debite. Mais nous allons voir qu'on ne s'eſt pas moins trompé ſur le ſens où on l'a pris, que ſur l'origine qu'on luy a donnée.

Si Pythagore en étoit le prémier auteur, on pourroit croire que l'hiſtoire de Nabuchodonoſor, qui à cauſe de ſes péchez fut ſept ans parmi les beſtes à brouter l'herbe comme les bœufs, luy auroit donné cette idée que le vice degrade l'homme de ſa condition, & le transforme en beſte plus ou moins féroce, ſelon qu'il eſt plus ou moins vicieux.

Mais il eſt certain que cette opinion eſt plus ancienne que ce Philoſophe, & que c'étoit un dogme des Egyptiens que les Grecs s'étoient attribué fors injuſtement, comme Herodote le dit formellement dans ſon II. liv. *Les Egyptiens ſont auſſi les prémiers qui ont dit que l'ame de l'homme eſt immor-*

telle, qu'aprés la mort du corps, elle passe successivement dans des corps de bestes ; qu'aprés avoir passé par les corps des animaux terrestres, aquatiles & aëriens, elle revient animer le corps d'un homme, & qu'elle acheve ce circuit en trois mille ans. Il y a des Grecs qui ont debité ce dogme, comme s'il eust été à eux en propre, les uns plus tost, les autres plus tard. J'en sçay les noms, & je ne veux pas les nommer.

Herodote nous apprend par là, non seulement que les Egyptiens sont les prémiers auteurs de cette opinion; mais encore que Pythagore n'étoit pas le seul qui l'eust débitée comme sienne. Pour moy j'avouë que je ne sçais pas qui sont les autres dont Herodote parle, car aujourd'huy cette metempsychose n'est attribuée qu'à Pythagore, & un peu différente mesme de celle que debitoient les Egyptiens. Mais ces changements, que Pythagore y fit, & ceux que d'autres y firent dans la suite comme les Pharisiens qui enseignoient qu'il n'y avoit que les ames des gens de bien qui paffaffent en d'autres corps, celles des méchans étant détenuës dans les lieux où elles étoient punies, tout cela ne fait rien au fond du dogme qui eft toûjours le mefme. Nous en connoiffons l'origine, cherchons-en la véritable explication.

Il n'y a nulle apparence, comme je l'ay déja dit dans la vie de Platon, que des peuples qui ne s'expliquoient que trés-myftérieufement fur les chofes les plus fimples, euffent parlé fi nettement, & fi naïvement d'une chofe auffi prodigieufe que feroit le paffage de l'ame en plufieurs corps d'hommes, d'animaux, ou de plantes mefme. Voicy tout le fecret de cette fiction fi merveilleufe, dont on a fait un monftre en la prenant à la lettre trop groffiérement.

Il eft certain que comme l'homme peut fe rendre femblable à Dieu par la vertu, il peut auffi fe rendre femblable aux beftes par le vice. C'eft

d iiij

pourquoy David dit, que * *l'homme étant dans l'honneur*, c'est à dire, l'image de Dieu par son origine, *ne l'a pas compris, qu'il a été mis au rang des bestes sans raison, & qu'il leur est devenu semblable.* Or il n'y a rien de plus naturel que de donner à l'homme le nom de ce à quoy il ressemble le plus. Aussi les anciens Hebreux donnoient-ils aux hommes les noms des bestes avec lesquelles le vice leur donnoit le plus de conformité, & ils les appelloient *loups, chiens, pourceaux, serpents,* selon qu'ils remarquoient en eux les vices de ces animaux. De là les Egyptiens, qui ne parloient que par énigmes, & qui expliquoient leurs pensées plustost par des figures, que par des mots, mettoient *un serpent* pour un homme malin & dangéreux, *un pourceau* pour un débauché, *un cerf* pour un homme timide; & ils disoient qu'un homme étoit devenu *loup*, pour dire

---

* Homo cum in honore esset non intellexit, comparatus est jumentis insipientibus, & similis factus est illis. *Psal.* 48. 13. 21.

que c'étoit un homme injuste, un ravisseur ; & qu'il étoit devenu *chien*, pour dire qu'il étoit sans honnesteté, sans pudeur.

Je sçay que quand les fictions ont passé long-temps pour des véritez nuës & litterales, & qu'elles ont eu le suffrage de plusieurs siécles, elles se laissent rarement manier & purger par la raison, & qu'elles craignent mesme l'approche de la conjecture, qui voudroit approfondir ce qu'elles ont de fabuleux. Mais je sçay aussi qu'il n'y a rien de plus injuste que de permettre que le mensonge prescrive contre la vérité. Il y aura tant qu'on voudra des Philosophes qui ont pris à la lettre cette métempsychose, & qui ont effectivement enseigné que l'ame d'un homme, pour expier ses péchez aprés sa mort, passoit dans le corps d'un autre homme, ou d'un animal, ou d'une plante ; les Poëtes l'auront debité dans leurs écrits ; les historiens mesme, qui sont les écrivains, qui doivent le moins souffrir le mélange de la fable, auront dit comme les Poëtes que Pythagore asseuroit de luy-mesme qu'il avoit été d'abord Æthalides fils de Mercure, ensuite Euphorbe, aprés cela Hermotime, aprés Hermotime un pescheur de Delos, & enfin Pythagore. Les Philosophes ont debité avec plaisir une opinion singuliére, qui avoit quelque chose de merveilleux & de terrible; les Poëtes l'ont regardée comme leur bien, à cause de la fiction qui luy sert d'enveloppe; car qui ne sçait que la fable, est l'appanage de la Poësie, & que les Poëtes habitent le pays des fictions & des monstres; & les uns, & les autres ont seduit & attiré les historiens, qui mesme, comme nous l'aprenons de Strabon, ont souvent été aussi amoureux de la fable, que les Poëtes mesmes.

Une marque seure que Pythagore n'a jamais eu l'opinion qu'on luy attribuë, c'est qu'il n'y en a pas le moindre vestige, dans les symboles qui nous restent de luy, ni dans les préceptes que son disciple Lysis a recueillis, & qu'il a laissez comme un précis de sa doctrine : au contraire, il paroist par ces sentences, qu'il a enseigné que les substances raisonnables, tant les premiéres, les Dieux immortels, & les moyennes, les Anges, que les derniéres, les hommes, demeurent toûjours, quant à leur essence, ce qu'elles ont été créées, & que les derniéres ne se dégradent, ou ne s'anoblissent que par la vertu, ou par le vice. Et c'est ainsi qu'Hierocles Philosophe Pythagoricien l'a expliqué. *Tout de mesme*, dit-il, *celuy qui s'attend qu'aprés sa mort il se revestira du corps d'une beste, qu'il deviendra animal sans raison, à cause de ses vices, ou plante, à cause de sa pesanteur, & de sa stupidité, celuy-là prenant un chemin tout contraire à ceux qui transforment l'essence de l'homme en quelqu'un des estres supérieurs, & la précipitant dans quelqu'une des substances inférieures, se trompe infiniment, & ignore absolument la forme essencielle de notre ame, qui ne peut jamais changer ; car étant & demeurant toûjours l'homme, elle est dite devenir Dieu ou beste par le vice, ou par la vertu, quoyqu'elle ne puisse estre ni l'un ni l'autre par sa nature, mais seulement par sa ressemblance avec l'un ou l'autre.*

Voila comme parle un Philosophe qui étoit choqué qu'on prist si grossiérement l'opinion de son maistre, & qui luy donne le sens qu'elle doit avoir.

Je ne nie pas que les Philosophes qui ont succedé à Pythagore, n'ayent enseigné cruëment cette doctrine, comme une vérité constante; mais ils le faisoient à bonne fin, & par un mensonge pieux, pour effrayer les hommes, & pour les empescher de commettre de ces crimes, & de ces péchez, qui aprés la mort assujettissoient à des pénitences & à des purgations si mortifiantes. Et en voicy un témoignage bien authentique, & qui ne permet nullement de douter que ce ne fust là leur esprit; c'est celuy d'un disciple de Pythagore, & d'un disciciple trés-instruit des sentiments de ce Philosophe; c'est de Timée mesme de Locrés, sur les escrits duquel Platon a travaillé. Timée donc dans son traité de l'ame du monde, dit ces paroles bien remarquables : *Comme nous guérissons quelquefois les corps malades par des remédes violents, quand le mal ne céde pas aux remédes bénins ; nous en usons de mesme pour la cure des ames ; quand elles réfusent de se rendre aux simples véritez, nous les guérissons par le mensonge. C'est pour cela que nous sommes reduits nécessairement à les ménacer de supplices étranges, & à leur débiter, que les ames passent en de nouveaux corps ; que l'ame d'un poltron, par éxemple, passe dans le corps d'une femme, afin qu'il soit exposé à toutes sortes d'opprobres & de mépris ; celle d'un meurtrier dans le corps d'une beste féroce, afin qu'il soit chastié ; celle d'un débauché dans le corps d'un pourceau.* Proclus insinue la mesme chose dans son v. livre sur le Timée.

On dira que bientost aprés Timée, on voit Socrate parler de cette metempsychose comme d'un dogme simple & sans figure. Mais si l'on éxamine bien les trois dialogues où il en parle, & qui sont le Menon, le x. livre de la République, & le Phedon, on trouvera que dans le prémier, Socrate parlant à Menon, qui étoit Pythagoricien, ne fait que glisser sur cette opinion, & qu'il ne la propose que pour en tirer avantage en faveur de la reminiscence, qu'il veut prouver, & dont il n'étoit pourtant pas bien convaincu; que dans le x. livre de la République, il ne fait que rapporter une fable Egyptienne; or ce n'est nullement dans les fables que l'on doit chercher la simplicité d'un dogme Philosophique. Et enfin on verra que dans le Phedon, où sont les derniéres paroles de Socrate, ce Philosophe éxemte d'abord de la loy de cette Metempsychose, les ames qui se sont retirées pures; & qui pendant cette vie, ont servi Dieu avec vérité; & il asseure qu'elles vont avec les Dieux où elles joüissent d'une félicité éternelle. Et pour les ames impures & soüillées, ou qui ont vécu dans la justice, plustost par habitude & par tempérament, que par Philosophie, il enseigne qu'aprés la mort elles passent en d'autres corps, ou d'animaux ou d'hommes. Que peut-on conclure de là, sinon que Socrate en mourant laisse aux gens de bien l'heureuse espérance, qu'en sortant de cette vie, ils iront joüir d'un bonheur sans fin; & qu'il profite d'ue opinion receuë, pour laisser aux méchans la frayeur salutaire qu'inspire la terrible ménace du passage de l'ame en plusieurs corps. Tout cela s'accorde avec ce que je viens de rapporter de Timée.

Mais ce qui est encore plus fort & plus concluant, c'est que Lysis luy-mesme, l'ami particulier de Pythagore, & celuy qui avoit receu de sa bouche les dogmes qu'il enseigne dans ses Vers dorez, dit formellement, que quand l'ame, aprés s'estre purifiée de ses crimes, a quitté le corps, & qu'elle est retournée dans le ciel, elle n'est plus sujette à la mort, & joüit d'une félicité éternelle. Nulle mention de ce paſſage de l'ame dans pluſieurs corps; c'eſt pourtant là que cette doctrine devoit eſtre debitée.

Si dans la ſuite des temps cette fiction a été enſeignée par des Philoſophes ignorans & groſſiers, comme une vérité réelle, ſi on trouve qu'elle a paſſé dans la Judée, où l'on voit les Juifs & Herode meſme imbus de cette ſuperſtition; & ſi encore aujourd'huy dans les Indes, elle eſt priſe à la lettre par des peuples fort ignorans, cela ne change pas la nature du dogme. Tous les dogmes doivent eſtre expliquez par le ſens qu'ils ont eu à leur naiſſance, & nullement par celuy que les ſiécles ſuivans leur ont donné.

L'opinion de Pythagore ſur la nature de l'ame des beſtes n'a pas été non plus expliquée fort clairement. Timée de Locrés fait voir qu'il a crû que l'ame des beſtes étoit une partie de l'ame du monde, une partie de la matiére ſubtile que Dieu avoit tirée de tous les aſtres, c'eſt à dire, que l'ame des animaux étoit de mesme nature que l'ame animale, où le char subtil de l'ame de l'homme; c'est pourquoy il dit que Dieu créa luy-mesme les ames des hommes, & que les animaux & tous les estres sans raison, il les laissa faire à la nature seule. Ceux qui ont crû que Pythagore donnoit aux bestes une ame raisonnable, que les organes seuls empeschoient de faire ses fonctions, se sont trompez. Une marque seure que ce n'étoit pas là sa doctrine, c'est qu'il a fait l'homme la derniére des substances raisonnables; il n'est donc pas possible qu'il ait enseigné que la raison étoit commune aux animaux & aux hommes. Il est vray que Diogéne Laërce écrit que Pythagore accorde aux bestes, *la colere & l'esprit*, mais par ce mot * *esprit*, il a entendu une sorte d'esprit trés-différent de *la raison* & de *l'intelligence*, qu'il accorde à l'homme seul. Voila pourquoy il disoit que l'homme seul étoit

νοῦν καὶ θυμόν.

_____
* Aristot: luy donne aussi le mesme nom. νοῦς φθαρτός.

capable de vertu & de vice. En un mot, comme il concevoit que l'ame animale, ou *le char subtil de l'ame* donnoit la vie au corps terrestre & matériel de l'homme, il concevoit aussi que l'ame des bestes étant de mesme nature que *ce char subtil* suffisoit pour animer les corps des animaux ; de sorte que les animaux selon Pythagore étoient véritablement comme la Statuë de Venus, dont j'ay parlé, qui privée de raison & d'intelligence, se mouvoit par le moyen du Mercure, dont ses organes étoient remplis. Ce Philosophe n'étoit donc pas éloigné de les croire de pures machines, puisque leur vie n'étoit que l'effet de la matiére subtile disposée d'une certaine façon. Ainsi il avoit raison de dire que cette ame des animaux étoit aussi ancienne que le monde, & qu'elle dureroit autant que luy ; car aprés la mort des animaux leur ame s'en retourne aussi bien que leur corps à son principe, & à sa source.

 Aprés Pythagore, Empedocle voulant expliquer sans doute le sentiment de son maistre, & faire voir que la connoissance n'est pas toûjours distincte des sens, établit ce principe, que *le semblable est connu par le semblable ;* principe non seulement trésfaux, comme Aristote l'a solidement démontré, mais encore trés-opposé à la doctrine de Pythagore, qui enseignoit, comme je l'ay déja dit, que c'est l'entendement seul qui voit, qui entend, &c. & que tout le reste est sourd & aveugle. Comment donc les bestes peuvent-elles selon ses principes, voir, sentir, connoistre, privées de raison & d'intelligence ! La matiére n'a pas d'elle-mesme ces proprietez, & de purs corps, n'ont ni vie, ni sentiment, ni pensée. Il faut donc que Pythagore ait crû, ou que l'ame des bestes n'avoit que des maniéres de sensations, ou que bien qu'animale & matérielle, elle avoit receu de Dieu des proprietez qu'il n'avoit pas communiquées au reste de la matiére. Car que l'ame des bestes ne soit nullement distincte de la matiére, c'est ce qui

Dans son traité de l'ame. *liv. 1. chap. vii.*

suit néceſſairement de ſes principes, que j'ay rapportez. Les Philoſophes n'en ſçauront jamais davantage. Ils ont beau s'abandonner à leur curioſité, ils aſſeureront bien ce que l'ame des beſtes n'eſt point; mais jamais ils ne trouveront véritablement ce qu'elle eſt.

La Philoſophie de Pythagore tendoit principalement à expliquer & à regler le culte des Dieux, & il donnoit ſur cela d'exellents préceptes. Par éxemple, il ne vouloit pas qu'on entraſt dans les Temples par occaſion, & en paſſant, pour y adorer & pour y faire ſes priéres; mais qu'on ſortiſt exprés de ſa maiſon pour leur aller rendre ce culte aprés s'y eſtre bien préparé. Je ne m'étendray pas ſur cette partie, parce qu'on la trouvera admirablement traitée dans Hierocles.

Il vouloit qu'on parlaſt toûjours des Dieux avec tout le reſpect dû à leur eſſence, ſource de tous les biens; & il condamnoit ſi fort les fables qu'Homére & Heſiode ont débitées des Dieux dans leurs poëmes, qu'il aſſuroit que les ames de ces Poëtes étoient sevérement punies dans les enfers pour avoir parlé des Dieux d'une maniére si peu convenable à une si grande Majesté.

Comme il n'y a rien de si difficile que de bien prier, il deffendoit à ceux qui n'étoient pas encore bien instruits, de prier pour eux-mesmes, & leur ordonnoit de s'adresser aux prestres & aux sacrificateurs ; & c'est ce mesme principe que Socrate a poussé si loin, en faisant voir que les hommes ne sçauroient bien prier, qu'aprés qu'un Dieu leur auroit enseigné la priére qu'ils devoient faire.

Quand ses disciples étoient assez instruits, il leur ordonnoit de ne commencer jamais aucune action sans avoir prié ; car quoyque le choix du bien soit libre, & dépende de nous, nous ne laissons pas d'avoir toûjours besoin du secours de Dieu, afin qu'il nous aide, qu'il coopére avec nous, & qu'il achéve ce que nous luy demandons, & ce que nous faisons.

Il enseignoit que les Dieux devoient eſtre honorez à toute heure & en tout temps, & que les Démons, les Héros, ou les Anges, devoient l'eſtre à midy; ce qui venoit d'une ancienſuperſtition qu'il avoit priſe en Egypte, & qui avoit perſuadé aux hommes que le midy étoit l'heure où les Démons ſe répoſoient, & qu'alors il étoit temps de les appaiſer & de les rendre favorables. On ne peut pas douter que cette ſuperſtition ne fuſt plus ancienne que Pythagore, puiſqu'on en trouve des traces parmi les Juifs, dés le temps meſme du Roy David.

Une autre ſuperſtition encore, qu'il avoit priſe des Chaldéens, c'étoit l'obſervation des temps, des jours, & des moments, pour les opérations *theurgiques*; c'eſt à dire, pour les ſacrifices & les autres actes de Religion. Il croyoit qu'il y avoit des moments propres pour les offrir, & d'autres qui y étoient trés-contraires, & ſur cela il avoit fait un précepte de *l'opportunité*. C'eſt ſans doute de la meſme ſource qu'étoit venu le partage

Voyez les remarq. ſur la p. 345. d'Hierocles.

des jours, en jours heureux & malheureux, qu'Heſiode a expliqué à la fin de ſes préceptes d'agriculture. Superſtition qui régne encore dans l'eſprit d'une infinité de Chrétiens.

Nul Philoſophe n'a mieux parlé que Pythagore de la toute-puiſſance de Dieu ; méſurant l'étenduë de ce pouvoir à l'idée qu'il avoit de ſon eſſence, il enſeignoit qu'il n'y avoit rien de ſi grand & de ſi admirable, qu'on ne puſt croire de Dieu ; rien de ſi difficile & de ſi ſurnaturel qu'on n'en duſt attendre. *Il faut eſpérer tout de Dieu*, diſoit-il ; *car il n'y a rien de ſi difficile qui ne puiſſe eſtre l'objet de noſtre eſpérance ; il eſt aiſé a Dieu de faire tout ce qu'il veut, & rien ne luy eſt impoſſible.* La connoiſſance que Pythagore avoit eu en Egypte des grands miracles que Dieu y avoit faits, avoient ſans doute fortifié en luy ces grands principes.

Il concevoit qu'il y avoit une loy éternelle, & que cette loy n'étoit que la vertu immuable de Dieu qui avoit tout créé. Et en conſequence de cette loy, il avoit imaginé un ferment divin qui confervoit toutes chofes dans l'état & dans l'ordre où elles avoient été créées, & qui en liant le créateur à fa créature, lioit auffi la créature à fon créateur; c'eſt à dire, que Dieu, en créant chaque chofe dans l'état qui étoit le meilleur pour elle, avoit voulu s'affujetir à la conferver dans le mefme état par un ferment appellé par cette raifon, *Gardien de l'éternité*, & qui n'eſt autre que l'immuabilité mefme de Dieu, & un des effets de fa juſtice. Et ce mefme ferment, il concevoit que la créature l'avoit fait en luy & par luy; car la mefme loy qui crée, lie ce qui eſt créé : c'eſt pourquoy les Pythagoriciens appelloient ce ferment, *inné & effenciel à toutes les créatures*.

Mais d'où étoit venuë à Pythagore cette idée fi grande, fi noble, & fi convenable à la majeſté de Dieu ! Il l'avoit tirée fans doute des faintes Ecritures, où il voyoit que Dieu, pour marquer l'infaillibilité de fes promeffes, dit fouvent, *qu'il a juré*, &

& *qu'il a juré par luy-mesme* ; & en suite avec un esprit admirable, il étoit entré dans les raisons de ce serment divin, & l'avoit expliqué par les principaux attributs de Dieu, qui sont sa bonté, son immutabilité, & sa justice. Dieu en créant toutes choses, n'a point renfermé ses veuës dans les temps, & a travaillé pour l'éternité, qui est luy-mesme.

Cette loy éternelle & ce serment divin, c'est ce qui compose la destinée, ou la providence, qui méne chaque chose à la fin qu'elle doit avoir, & qui luy a été marquée. Les créatures ont beau s'en écarter par leur desobéissance, & violer le serment divin, en s'éloignant de Dieu ; elles y rentrent en ce que Dieu fait servir leurs égaremens mesme à l'accomplissement de ses decrets, & que tout fait éclater dans l'œuvre de Dieu, & sa bonté & sa justice.

Voila quelle étoit la Théologie de Pythagore, Theologie qui malgré les vaines imaginations, & les erreurs, dont il l'avoit accablée, ne laisse pas

Morale de Pythagore.

de renfermer de grands principes qui peuvent encore nous servir.

Avant le siécle de Pythagore, & pendant que la secte Italique & la secte Ionique furent en vigueur, la Morale n'avoit pas été traitée fort méthodiquement. Elle étoit comprise sous le nom général de *Physique*, qui embrassoit toutes les parties de la Philosophie, & elle étoit renfermée en des préceptes ou sentences, qui ordonnoient ce qu'il falloit faire, mais qui n'en expliquoient ni les raisons ni les motifs. Socrate fut le prémier qui sépara cette partie de la Philosophie, pour en faire un corps à part, il en demesla parfaitement tous les principes, & en donna les preuves. C'est à luy que la Morale payenne doit toute sa perfection : mais il faut avoüer aussi que Socrate profita beaucoup des lumiéres de Pythagore, qui découvrit le prémier ce grand principe, que la Morale est fille de la Religion: & voicy sur cela ses veuës qui méritent d'estre bien dévelopées.

Nous avons vû qu'il reconnoissoit

deux sortes d'eſtres ſupérieurs, *les Dieux immortels*, & les *Démons*, ou *Héros*, c'eſt à dire les Anges. Il ajouſtoit à ces deux ſortes d'eſtres, les hommes qui aprés avoir brillé par l'éclat de leurs vertus dans cette vie, avoient été receus dans les chœurs divins.

De nos liaiſons avec ces trois eſſences, il tiroit tous nos devoirs envers nos péres & nos méres, envers nos proches, & envers nos amis; car il enſeignoit que dans cette vie mortelle, nos péres & nos méres nous repréſentent Dieu; que nos proches nous repréſentent les Démons ou Héros, c'eſt à dire les Anges, & que nos amis ſont l'image des *Saints*, d'où il concluoit que nous ſommes obligez d'aimer & d'honorer premiérement nos péres & nos méres; enſuite nos parents, & aprés eux nos amis; & pour nous, que nous devons nous regarder ſelon ces trois rapports, comme Fils de Dieu, comme parents des Anges, & comme amis des *Saints*.

Personne n'a mieux connu que Pythagore l'essence de l'amitié ; c'est luy qui a dit le prémier, *que tout est commun entre amis, & que notre ami est un autre nous-mesme;* & c'est ce dernier mot qui a fourni à Aristote cette belle définition de l'ami, que * *c'est une ame qui vit dans deux corps.*

Il donnoit d'éxellents préceptes sur le choix des amis, sur les moyens de les conserver, & sur les bornes que nous devons donner à la complaisance que cette union demande nécessairement, comme on le verra dans Hiérocles.

On luy a reproché qu'il n'estimoit que ceux de sa secte, & qu'il regardoit tous les autres hommes comme de vils esclaves dont il ne falloit faire aucun cas.

Il avoit vû en Egypte les Egyptiens méprifer extrémement les autres peuples ; & il n'ignoroit pas que les Hebreux traitoient bien différemment les étrangers, & ceux de l'alliance ;

---

* Φίλος, μία ψυχὴ δύο σώμασιν ἐνοικοῦσα

mais Pythagore n'imitoit pas ces maniéres par orgeuil ; comme il avoit pénétré ce qui fait le fondement & la fin de l'amitié, il avoit tiré de là les raisons de cette préférence : & voicy ses veuës.

Il établissoit que nos amis dans cette vie, sont l'image de ceux qui ont quitté le monde, aprés avoir relevé la nature humaine par leur union avec Dieu, & aprés nous avoir instruits par leurs éxemples, & par leurs préceptes. De là il tiroit cette consequence nécessaire, que comme parmi les morts nous n'honorons que ceux qui ont vécu selon les régles de la sagesse, nous qui sommes leurs disciples dans cette vie, nous ne devons nous attacher qu'à ceux qui leur ressemblent, & qui peuvent nous aider à parvenir à la mesme félicité; car le but de l'amitié ne doit estre que la communication des vertus, & notre union avec les estres célestes. Voila pourquoy un Pythagoricien préféroit l'amitié d'un Pythagoricien à celle de tous les autres hommes ;

parce qu'il le regardoit comme plus parfait. Et il faut avoüer que ces Philosophes portoient l'amitié pour ceux de leur secte à un point qui n'a peut-estre jamais eu d'éxemple. Et voicy sur cela une petite histoire qui ne doit jamais périr.

Un Pythagoricien parti de chés luy pour un long voyage, tomba malade dans une hostellerie, & dépensa tout ce qu'il avoit. Sa maladie devenant plus opiniâtre & plus difficile, son hoste, qui se trouva heureusement plein de charité, continua d'en avoir les mesmes soins, & fournit à toute la dépense. Le malade empire, & bien fasché de n'avoir pas dequoy payer son bienfaicteur, il luy demande de l'encre & du papier, écrit en peu de mots son histoire, met au bas un symbole de Pythagore, pour marquer qu'il étoit Pythagoricien, & luy recommande d'afficher ce papier dans un lieu public dés qu'il l'aura enterré. Il meurt le lendemain, & ses obséques faites, l'hoste, qui n'attendoit pas grand-chose de son placard, ne laissa pas de l'afficher à la porte d'un Temple. Quelques mois s'écoulent sans aucun succés. Enfin un disciple de Pythagore passe, lit cette affiche, voit par le symbole qu'elle est d'un confrére: aussitost il va chés l'hoste, luy paye tous ses frais, & le recompense encore de son humanité. L'évangile nous propose des éxemples de charité encore plus parfaits ; mais on trouveroit peut-estre difficilement aujourd'huy, des Chrestiens qui fissent pour un Chrestien & pour un homme de leur connoissance, ce qu'un Pythagoricien faisoit pour un confrére qu'il n'avoit jamais ni vû ni connu.

A l'égard du reproche qu'on a fait à Pythagore d'une extréme dureté pour les autres hommes, je n'y trouve aucun fondement. Au contraire, je voy par tout ce qu'en ont dit ses disciples, que regardant Dieu comme le lien commun qui unit tous les hommes, il enseignoit que c'étoit déchirer Dieu, que de rompre cette union avec le plus inconnu ; & au contraire, que c'étoit s'unir étroitement avec luy, que de la conserver avec la subordination nécessaire; car tous nos devoirs envers ceux, avec qui nous ne sommes unis, ni par le sang, ni par l'amitié, il les tiroit des diverses liaisons, de patrie, de voisinage, de commerce, & de societé, ou enfin des liaisons de la nature seule, qui ne souffre pas qu'un homme soit étranger à un autre homme. En un mot, il vouloit qu'on étendist sur tous les hommes, mesme sur les méchans, une amitié générale qu'il appelloit humanité; & que l'amitié véritablement dite, c'est a dire, cette liaison volontaire & de choix, on ne la contractast qu'avec les sages & les vertueux, à l'éxemple de Dieu mesme, qui ne hait personne, & qui ne se communique, & ne s'unit qu'aux gens de bien.

Comment Pythagore auroit-il eu pour des hommes cette dureté, luy qui disoit ordinairement, que *le seul moyen que l'homme eust de se rendre semblable à Dieu, c'étoit de faire du bien, & de dire la vérité ?* Luy qui souftenoit, qu'il y avoit des droits communs entre les hommes, & les beftes mefmes ! qui acheptoit des oyfeleurs & des pefcheurs, les oyfeaux & les poiffons, pour leur rendre la liberté, & qui condamnoit la chaffe comme une injuftice !

Il conferva toute fa vie tant de refpect, tant d'amitié, tant de reconnoiffance pour fon maiftre Pherecyde, qu'ayant appris qu'il étoit tombé malade à Delos, il partit en mefme temps de Crotone pour aller l'affifter, demeura prés de luy jufqu'à fa mort, & fit fes funérailles.

Jamais perfonne n'a été plus tendre que luy pour fes amis, il les affiftoit dans leurs maladies, les confoloit dans leurs afflictions, & les fecouroit dans leurs befoins. Et à l'égard des autres hommes. Il ne perdoit aucune occafion de leur faire du bien felon leur mérite & leur état, bien perfuadé que la plus grande vertu de l'homme, c'eft l'amour des hommes.

Il regardoit le ferment humain ou civil, comme l'image du ferment divin dont nous venons de parler; car de mefme que le ferment divin eft gardien de la loy de Dieu, le ferment humain eft le gardien de la foy des hommes. L'obfervation de ce dernier nous affocie avec la fermeté & la ftabilité mefme de Dieu, & maintient l'ordre & la juftice. C'eft dans cette vûë que Pythagore appelloit du nom de *ferment*, tout ce qui eft jufte; & qu'il difoit que Jupiter eft appellé ὅρκιος, *qui préfide au ferment*, pour faire entendre qu'il eft la juftice mefme, & qu'il punit févérement tout ce qui eft fait contre la loy.

Les Pythagoriciens ont donné fur le ferment civil des préceptes admirables, qui s'accordent fi parfaitement avec ce qu'enfeigne la Religion Chrétienne, qu'on ne peut douter que le décalogue ne leur ait été connu.

Ils gardoient avec la mefme éxactitude une fimple parole donnée, qu'un ferment fait avec la plus grande solemnité. Voicy un éxemple bien singulier de la fidélité de leurs promesses dans les choses de la plus pétite consequence. Lysis, disciple de Pythagore, sortant un jour du Temple de Junon aprés avoir fait ses priéres, rencontra Euryphamus de Syracuse qui y entroit. Euryphamus le pria de l'attendre. Lysis luy dit qu'il l'attendroit, & s'assit sur un banc de pierre qui étoit à la porte du Temple. Euryphamus, aprés avoir adoré, se plongea dans une méditation si profonde, qu'oubliant Lysis, il sortit par une autre porte. Lysis l'attendit de pied ferme, non seulement le reste du jour, mais toute la nuit, & une partie du lendemain ; & l'auroit attendu plus long-temps, si quelqu'un dans l'auditoire de Pythagore, n'eust demandé en présence d'Euryphamus des nouvelles de Lysis. Ce nom prononcé fit souvenir Euryphamus de ce qui s'étoit passé la veille. Il sort donc promptement, va à la porte du Temple, & trouve Lysis aussi tranquille qu'il l'avoit laissé. Que n'auroit pas fait pour un ferment un aussi scrupuleux observateur de la parole la plus légére! Je sçay bien que cette action sera traitée de simplicité; mais je sçay bien aussi, comme disoit Solon sur les mensonges des Poëtes, que si une fois le relaschement se glisse dans les pétites choses, il passe bientost dans les plus importantes & les plus sérieuses.

Comme Pythagore éxigeoit la fidélité & la vérité dans les paroles, il éxigeoit avec le mesme soin la justice dans toutes les actions. Il disoit, que *le sel étoit l'embléme de la justice; car comme le sel conserve toutes choses, & empesche la corruption, la justice conserve de mesme tout ce qu'elle anime, & sans elle tout est corrompu.* C'est pourquoy il ordonnoit que la saliére fust toûjours servie sur la table, pour faire souvenir les hommes de cette vertu. C'est sans doute par cette raison que les payens sanctifioient la table par la saliére: ce qu'ils pourroient avoir établi sur cette loy, que Dieu avoit donnée à son peuple.

Vous offrirez le sel dans toutes vos oblations. Et peut-estre que la superstition si ancienne, & qui régne encore aujourd'huy sur les saliéres renversées, est venuë de cette opinion des Pythagoriciens, qui les regardoient comme des présages de quelque injustice.

In omni oblatione tua offeres sal. Lev. 3. 13.

Il est le prémier qui ait démontré que la volupté n'a point d'essence, c'est à dire, qu'elle n'éxiste pas par elle-mesme, & qu'elle n'est que la suite & l'effet d'une action ; ce qui le conduisit naturellement à reconnoistre deux sortes de voluptez. Une volupté brutale & insensée, qui tient de l'action qui la produit, & qui charme dans le moment ; mais qui a des suites funestes : & une volupté honneste produite par des actions honnestes, qui est agréable sur l'heure, & qui n'est jamais suivie du repentir. Il comparoit la prémiére au chant des Sirénes, & l'autre aux concerts des Muses.

A l'égard des abstinences de Pythagore, on trouve les sentimens fort partagez : les uns prétendent qu'il ne mangeoit de rien qui eût eu vie, qu'il deffendoit d'en manger, & que si l'on trouve dans ses symboles, des préceptes de ne pas manger certaines parties d'animaux, ce qui renferme nécessairement la liberté de se nourrir de toutes les autres qui n'ont pas été exceptées, il faut entendre que Pythagore ne parle là qu'à ceux qui ne sont pas encore parfaits. Les autres au contraire soûtiennent qu'il mangeoit des chairs des victimes, & de certains poissons ; & outre que c'est le sentiment le plus ancien, car c'est celuy d'Aristoxéne, il est encore le plus vraysemblable. Pythagore avoit imité les mœurs des Egyptiens, & les Egyptiens, à l'éxemple des Hebreux partageoient les animaux en *mondes*, & en *immondes*, & ne deffendoient de manger que les derniers.

Une marque seure que toutes ces abstinences étoient tirées de la loy des Juifs, c'est l'ordonnance que Pythagore fit sur les funerailles & sur les chairs mortes. Il prétendoit que tout homme qui avoit approché d'un mort, ou qui avoit mangé des chairs de bestes mortes, étoit soüillé. On reconnoist là les propres paroles du Levitique, & l'on voit que Pythagore en avoit pénétré le sens.

La mesme raison sert à vuider le partage qui est entre les anciens sur l'explication qu'il faut donner au précepte de Pythagore, *de s'abstenir des féves*. Les uns ont dit qu'il deffendoit absolument ce légume, & les autres ont prétendu que bien loin de le deffendre, il en mangeoit luy-mesme, & qu'il faut prendre ce précepte figurément; en quoy ces derniers sont encore partagez, une partie asseurant que par les féves, Pythagore entendoit les emplois civils, les magistratures, parce qu'aux élections, & aux jugemens, on donnoit les suffrages avec * des féves noires ou blanches, & l'autre partie soustenant

---

* C'est pourquoy Hesychius marque κύαμω, δικαστικῶ ψήφω, la féve signifie le suffrage des Juges, & κυαμοβόλοι δικαςαι. jetteur de féves, pour Juge.

que par les féves le Philosophe n'a entendu que l'impureté.

Il y a un moyen seur de concilier toutes ces opinions. Premiérement il est certain que les Egyptiens avoient en horreur les féves. Herodote nous l'apprend formellement ; *Les Egyptiens, dit-il, ne sement point de féves, & n'en mangent ni de cruës ni de cuites, & les Prestres n'osent seulement les regarder, parce qu'ils tiennent cette sorte de légume pour immonde.*

<small>Dans le II. li.</small>

L'impureté de ce légume n'étoit pas la seule raison qui portoit les Egyptiens à s'en abstenir ; ils ne mangeoient point de féves, parce qu'ils en connoissoient la nature, telle qu'Hippocrate nous la marque dans le II. livre de la diéte. *Les féves*, dit-il, *resserrent, & causent des vents.* Il n'en falloit pas davantage pour les décrier chés des peuples aussi soigneux de leur santé, que les Egyptiens, qui se purgeoient trois fois le mois par des vomitifs & par des lavemens, & qui croyoient que toutes les maladies des hommes ne viennent que des alimens

<small>Chap. IV.</small>

dont ils se nourrissent.

Pythagore avoit donc pris cela des Egyptiens. Et comme toutes les abstinences de ces peuples, & celles des Hebreux, avec le sens propre ou litteral, avoient aussi un sens figuré, il est trés-vray-semblable que sous cette ordonnance de s'abstenir des féves, il y avoit un ordre caché de ne se pas mesler des affaires civiles, & de renoncer à toute impureté. Tous les symboles de Pythagore avoient ce double sens, que les Pythagoriciens observoient avec la derniére éxactitude. *Dans les préceptes symboliques*, dit Hierocles, *il est juste d'obéir au sens litteral, & au sens caché : ce n'est mesme qu'en obéissant au sens litteral, que l'on obéit au sens mystique, qui est le principal & le plus important.*

Le sens littéral de ces symboles, comme de toutes les cerémonies légales, regardoit la santé du corps; & le sens mystique regardoit la santé de l'ame, l'innocence & la pureté. Voila les raisons de l'aversion que les Pythagoriciens avoient pour les féves ; averſion ſi grande qu'ils ſe laiſſoient tuer pluſtoſt que de marcher ſur un champ qui en étoit ſemé.

C'eſt ſans doute de ce ſens caché qu'il faut entendre l'hiſtoire qu'Iamblique rapporte d'un certain Mullias & de ſa femme Timycha qui ne voulurent jamais apprendre à Denys la raiſon de cette averſion, juſques là que Timycha ſe couppa la langue avec les dents, & la cracha au viſage du tyran, de peur que les tourments ne la forçaſſent de ſatisfaire ſa curioſité, & de violer ainſi la loy fondamentale de leur échole, de ne jamais communiquer aux profanes les ſecrets de leur doctrine. Et c'eſt peut-eſtre à cette premiére antiquité qu'il faut rapporter l'origine de ce proverbe qui eſt encore en uſage, *Revéler les ſecrets de l'école*, pour dire, apprendre aux étrangers les choſes dont il n'y a que les confréres qui doivent eſtre inſtruits.

Pythagore avoit connu cette vérité, que les hommes s'attirent leurs malheurs volontairement, & par leur faute, d'un costé par le dereglement de leurs passions, & de l'autre par un aveuglement funeste & volontaire qui les empesche de voir & de saisir les biens que Dieu leur présente, & qui sont prés d'eux. Grand principe si ce Philosophe ne l'avoit pas corrompu en le poussant jusqu'à la premiére vie, qu'il prétendoit que les ames ont menée, & au choix qu'elles ont fait avant que de descendre icy bas pour y animer les corps mortels; d'où il tiroit les raisons, non seulement de la différence des états & des conditions dans cette vie, mais encore de la distribution des biens & des maux qui paroissent quelquefois si injustement distribuez. Je ne sçay si Pythagore avoit pris cette erreur des Juifs, ou si les Juifs l'avoient prise de luy; mais il paroist qu'elle étoit en Judée, & qu'elle duroit encore du temps de Jesus-Christ.

Il enseignoit que la vertu, la paix, la santé, tous les biens, & Dieu mesme n'étoient qu'harmonie, que tout n'éxiſtoit que par les loix de l'harmonie, & que l'amitié n'étoit qu'une harmonieuſe égalité; d'où il concluoit que les legiſlateurs, & tous ceux qui gouvernent des peuples étoient obligez de travailler toûjours à entretenir cette harmonie qui fait la félicité des particuliers, des familles, & des états; & que pour cet effet ils devoient ne rien épargner, & employer le fer & le feu pour chaſſer du corps, les maladies; de l'eſprit, l'ignorance; du cœur, l'intempérance & les mauvais deſirs; des familles les diſſenſions & les quérelles, & de toutes les compagnies les factions & tout eſprit de parti.

Il donnoit ordinairement ce précepte excellent pour les mœurs: *Faites toûjours d'un ennemi un ami, & jamais d'un ami un ennemi. N'ayez rien en propre, appuyez les loix, & combattez l'injuſtice.*

Et celuy-cy encore: *Choiſiſſez toûjours la voye qui vous paroiſt la meilleure; quelque rude & difficile qu'elle ſoit, l'habitude vous la rendra agréable & facile.*

Il étoit si attaché & si soumis à la raison, que ni les travaux, ni les douleurs, ni les plus grands périls ne pouvoient l'empeſcher d'entreprendre tout ce qu'elle éxigeoit de luy, & qui luy paroiſſoit juſte ; connoiſtre la raiſon, & ſe déterminer à la ſuivre à quelque prix que ce puſt eſtre, n'étoit en luy que l'effet d'une ſeule & meſme reflexion ; & voicy une particularité de ſa vie qui en eſt une preuve bien éclatante.

Le principal Magiſtrat de Sybaris appellé Telys, ayant obligé ſa ville de bannir cinq cens des plus riches Citoyens. Ces Sybarites ſe retirerent à Crotone ; où ils ſe refugiérent au pied des autels. Telys averti de cette demarche envoye des Ambaſſadeurs aux Crotoniates pour leur redemander ces refugiez, ou ſur le refus, pour leur declarer la guerre. On aſſemble le Conſeil à Crotone, & on delibére ſur la propoſition de ces Ambaſſadeurs. Le Senat & le peuple ne ſçavent d'abord à quoy ſe determiner. Enfin le peuple qui ſe voyoit ménacé d'une terrible guerre contre un redoutable ennemi, & qui préfére toûjours l'utile à l'honneste, penchoit à rendre les bannis; & cet avis alloit l'emporter. Mais Pythagore fermant les yeux au danger, ne balança point, il remontra l'impiété de cette action, de rendre des hommes que les Dieux avoient receus sous leur sauvegarde. Les Crotoniates changérent tout d'un coup, & aimérent mieux soustenir la guerre contre les Sybarites, que de la faire eux-mesmes aux Dieux, en arrachant de leurs Autels des malheureux qui y avoient trouvé un azyle. Les Sybarites assemblent une armée de * trois cens mille hommes. Les Crotoniates vont à leur rencontre avec cent mille combattans, sous la con-

* C'est ainsi que le marquent Herodote, Diodore, Strabon. On est d'abord porté à croire qu'il y a eu faute aux notes numérales : mais Strabon en parlant de la prospérité de la ville de Sybaris, fait qu'on ne s'étonne pas de ce grand nombre de combattans; car il dit qu'elle commandoit à quatre nations voisines, & qu'elle avoit dans son ressort vingt-cinq grandes villes qui luy obéissoient.

duite de l'Athlete Milon, qui marchoit à leur teste couvert d'une peau de lion, & armé d'une massuë comme un autre Hercule, & ayant sur sa teste plusieurs couronnes qu'il avoit gagnées dans les combats des jeux Olympiques. On prétend que cet équipage bizarre intimida les ennemis. Quoy qu'il en soit, la valeur triompha du nombre ; les Sybarites furent défaits, & leur ville saccagée & détruite. Ainsi le masle & pieux conseil de Pythagore, en empeschant les Crotoniates de commettre un sacrilége, leur fit remporter la plus signalée victoire dont on ait jamais parlé ; il n'y a point d'éxemple qu'en soixante & dix jours une puissance comme celle des Sybarites ait été renversée.

Il recommandoit particuliérement la pudeur & la modestie, blasmoit tout excés dans la joye & dans la tristesse, & vouloit que dans tous les états de la vie on fust toûjours égal.

Comme tous nos devoirs se mésurent par notre dignité, il exhortoit sur toutes choses à se connoistre & à se respecter soy-mesme; & parce que la mére, la nourrice, & la garde des vertus, c'est la prudence ou la sage consultation, comme la témérité est la mére des vices, & de toutes les actions insensées, il ordonnoit de ne parler & de n'agir qu'aprés avoir bien consulté & deliberé.

Il étoit persuadé que comme la Médécine, qui ne guérit pas les maux du corps, est vaine; la Philosophie, qui ne guérit pas les maux de l'ame, est inutile. Et il disoit ordinairement que d'oster la liberté au discours, c'étoit oster l'amertume à l'absynthe, qui n'est plus bon qu'à estre jetté. Ces maximes luy avoient inspiré une certaine sévérité qui le portoit quelquefois à reprendre les fautes avec beaucoup d'aigreur. Un malheur qui luy arriva le corrigea de ce défaut; car un jour ayant repris un de ses disciples en public d'une maniére trop amére, ce jeune homme se tua de desespoir. Pythagore fit sur cet accident des reflexions qui luy servirent le reste de sa vie,

vie, & il connut que la cure d'un vice, non plus que celle d'une maladie honteuse, ne doit se faire qu'en particulier. Depuis ce moment il ne luy arriva jamais de reprendre quelqu'un en présence d'un autre, il fut aussi doux & modéré dans ses corrections, qu'il avoit été sevére; il fit mesme sur cela ces deux maximes, qu'il ne faut jamais rien dire, ni rien faire dans la passion, & pendant le boüillonnement de la colére; & qu'il faut pluftoft choisir d'estre aimé, que d'estre craint, car le respect suit l'amour, & la haine accompagne la crainte.

Je ne rappelle point icy tous les grands préceptes de morale que Pythagore a donnez, parce qu'on les trouvera fort bien expliquez dans les commentaires d'Hierocles.

Il me paroift que la divination, & toutes ses dépendances doivent estre comprises sous la morale, parce qu'elles sont des suites de la religion & de la politique des peuples; ce qui regarde certainement les mœurs.

Les Egyptiens ont été les peuples du monde les plus attachez à la divination : ils avoient inventé un nombre infini de préfages, & d'augures. Pythagore ne les avoit pas imitez en tout, & de tant de fortes de divination qu'il trouva établies & pratiquées, il ne retint que celle qui se tiroit du vol des oyseaux, & celle qui se formoit [a] des paroles fortuites. De toutes celles qu'on faisoit par le feu, il ne pratiqua que celle qui se tiroit de la fumée de l'encens bruslé sur l'autel. Ce ne fut pourtant pas luy qui les porta en Gréce, car la première & la derniére, je veux dire celle qu'on tiroit du vol des oyseaux, & celle qu'on tiroit de la fumée de l'encens, y étoient en usage long-temps avant luy, comme on le voit par les poësies d'Homére, qui parle souvent du vol des oyseaux, & qui dans le dernier livre de l'Iliade fait mention de cette espéce de [b] devins qui devinoient par la fumée de l'encens.

[a] Que les Grecs appelloient κληδόνας, & les Latins *omina*.
[b] Qu'il appelle θυοσκόοι.

Ce Philosophe tenoit que la divination étoit un rayon de lumière que Dieu faisoit reluire dans l'ame, à l'occasion de certains objets.

Les anciens historiens de sa vie prétendent qu'il étoit grand Devin : & pour le prouver ils racontent, que se promenant un jour sur le rivage de la mer avec plusieurs de ses amis & de ses disciples, & voyant un vaisseau qui venoit à pleines voiles, il entendit quelques-uns de ceux qui étoient avec luy, qui disoient qu'ils seroient bien riches, s'ils avoient toutes les marchandises que ce vaisseau apportoit. *Vous ne seriez pas si riches que vous pensez*, dit Pythagore ; *car vous n'auriez qu'un mort.* En effet il se trouva que ce vaisseau rapportoit le corps d'un homme considérable qui étoit mort dans un voyage, & qu'on venoit enterrer dans son pays.

Il recevoit encore la divination qui vient des songes, & il distinguoit les songes purement humains, & les songes divins, & expliquoit les causes de la vérité des uns, & de la fausseté des autres; car quoyque l'explication des songes, aussi-bien que celle des présages dépendist de l'inspiration divine, les Egyptiens n'avoient pas laissé d'en donner des régles, & d'en composer un art, en receuillant avec soin tous les songes & les présages connus, & s'imaginant que toutes les fois que les mesmes choses arrivoient, l'événement devoit estre le mesme. Mais on peut dire que l'homme est naturellement si porté à cette superstition, qu'il n'a pas besoin de régles. La crainte & l'espérance qui ne l'abandonnent jamais, luy faisant expliquer pour luy, ou contre luy, tout ce qui luy paroist extraordinaire & surnaturel. Aussi voyons-nous dans tous les temps les présages & les songes expliquez, non seulement par les Prestres & par les Devins de profession, mais par les particuliers. L'histoire ancienne est pleine d'éxemples d'hommes, & de femmes mesme, qui n'ont pas plustost entendu un songe, qu'ils en donnent l'explication. Dans Homére, un prodige ne paroist pas plustost que les deux armées l'expliquent.

L'idolatrie ne s'eſt pas contentée de produire toutes les ſortes de divination, elle a encore enfanté les illuſions de la Magie. La meſme curioſité, & le meſme orgueil qui ont porté l'homme à vouloir pénétrer & prédire les decrets de Dieu, l'ont porté à vouloir égaler ſa toute-puiſſance, & imiter les miracles qu'il opéroit par ſa vertu.

La magie eſt née en Perſe. On prétend que Zoroaſtre en avoit fait un traité en XII. volumes, où il traitoit de la nature & du culte, des rites, & des ſacrifices des Dieux. Mais ſi la Perſe eſt la mére de la magie, l'Egypte en a été la nourriſſe. On ſçait tout ce que les Magiciens opérérent à l'envi de Moyſe par leurs enchantemens, & par leurs ſecrets magiques. Dans tous les temps cet art ſacrilége a paru ſi beau aux Payens, que la pluſpart ont crû qu'il manqueroit quelque choſe à la perfection de leurs Philoſophes, s'ils n'avoient été Magiciens. Il y a meſme de l'apparence que ceux qui ont fait la vie de ces anciens sages ont voulu les égaler par là à ces hommes extraordinaires que Dieu a suscitez sous la loy, & sous la grace, pour en faire les instrumens merveilleux de sa puissance, & l'on peut dire que ce penchant n'a jamais été plus fort que dans les premiers siécles du Christianisme. La plupart des Philosophes Payens étoient adonnez à cet art détestable de la magie, pour avoir de prétendus miracles à opposer aux Chrétiens. Estant donc magiciens, ils vouloient que les premiers Philosophes l'eussent été, afin que dans tous les temps la vanité de la Philosophie payenne eust de quoy se soustenir contre la vérité de la Religion. C'est à cette folle envie qu'il faut rapporter tout ce que les anciens, & sur tout Jamblique, & Porphyre ont dit de la magie de Pythagore, & des miracles qu'ils luy ont attribuez

Ils disent que pour persuader qu'il étoit Apollon Hyperboréen, il avoit fait paroistre une de ses cuisses toute d'or en pleine assemblée aux jeux

Olympiques ; qu'on l'avoit vû souvent dans la mesme assemblée faire descendre à luy une aigle, luy parler longtemps, & la renvoyer. Qu'une ourse faisant de grands ravages dans la Poüille, il la fit venir à luy, la caressa quelque temps, & aprés luy avoir ordonné de ne plus nuire à aucun animal vivant, il la lascha ; que l'ourse s'enfonça dans les forests, ne fit plus de mal à personne, & épargna jusqu'aux animaux. Qu'il ne fit que dire un mot à l'oreille d'un bœuf qui alloit dans un champ semé de féves, & que le bœuf tout aussitost se détourna, & prit un autre chemin.

On rapporte encore plusieurs autres merveilles semblables, & aussibien fondées, qui avoient fait dire qu'Orphée luy avoit transmis l'empire qu'il avoit sur les bestes, avec cette différence, que ce qu'Orphée n'éxecutoit que par la force de ses chants harmonieux, Pythagore le faisoit par la vertu de ses paroles.

C'est encore à la mesme envie qu'il faut attribuer ce que les mesmes Hisstoriens ont dit du javelot que le Scythe Abaris avoit donné à Pythagore. Ce Scythe attiré par la grande reputation de ce Philosophe, avoit quitté sa patrie pour l'aller voir. Pythagore luy ayant trouvé beacoup d'ouverture d'esprit, & de grandes dispositions à la Philosophie, l'initia dans tous ses mystéres; & Abaris, pour luy témoigner sa reconnoissance, luy donna un javelot d'une merveilleuse vertu; car avec ce javelot Pythagore passoit en un moment les plus grandes riviéres, & les montagnes les plus inaccessibles, calmoit les tempestes, chassoit la peste, & appaisoit tous les fleaux. On dit que par le moyen de ce javelot il fut vû eu un mesme jour à Metapont en Italie, & à Tauromenium en Sicile. Il n'est pas difficile de voir que ce javelot a été imaginé sur la verge de Moïse. Mais tous ces historiens, en debitant ces contes, n'avoient pas assez étudié le caractére de leur Héros, naturellement ennemi de l'ostentation & du faste, & si éloigné de la moindre vanité, que dans toutes ses actions, il fuyoit l'éclat qui attire l'envie, & en fit mesme un précepte qu'il donna à ses disciples. Cet éloignement qu'il avoit pour la vaine gloire, & qu'il vouloit inspirer aux autres, alloit si loin, qu'un jour il conseilloit à un Athlete de s'éxercer; mais de ne chercher jamais à vaincre, regardant en cela la victoire comme un piége de l'orgueil, ou du moins comme une chose trésinutile à la santé, qui est le seul but qu'on doit se proposer dans les éxercices. Timon n'a pas laissé de l'accuser de vanité dans ces vers. *Pythagore l'enchanteur qui n'aime que la vaine gloire, & qui affecte un langage grave pour attirer les hommes dans ses filets.* Mais c'étoit Timon, c'est à dire l'ennemi des hommes, & sur tout des sages.

La fable de la descente de Pythagore dans les enfers, vient encore du mesme esprit; elle n'est fondée que sur ce que ce Philosophe, à l'éxemple de Zoroastre, d'Épiménide, & de Minos, qui s'étoient retirez dans des antres pour se séparer du tumulte du monde, & pour y méditer tranquillement, s'étoit enfermé dans un lieu sousterrain pour vacquer avec moins de distraction à la méditation & à l'étude de la Philosophie. Quand il sortit de ce cabinet, il étoit si défait & si maigre, qu'on dit qu'il revenoit des enfers, c'est à dire, du tombeau. Dans la suite des temps cette expression fut prise à la lettre, & l'on débita qu'il étoit véritablement descendu dans les enfers, comme la fable le racontoit d'Hercule, & d'Ulysse.

J'ay déja remarqué que du temps de Pythagore, la Philosophie n'étoit pas encore partagée en Logique, Physique & Morale; & que ce partage ne fut fait que du temps de Socrate & de Platon. Avant eux, toute la Philosophie étoit comprise sous le nom général de Physique; mais pour garder quelque ordre, je traiteray icy separément de toutes ces sciences qui sont aujourd'huy comme des parties distinctes de la Philosophie, pour découvrir les progrés que Pythagore y avoit faits. Nous avons déja vû en gros sa Theologie & sa Morale ; venons à sa Physique.

La Physique proprement dite, avoit été peu cultivée avant les sept Sages, on ne commença que de leur temps à s'y appliquer. C'est pourquoy Plutarque asseure que les Grecs y étoient encore alors fort simples & fort grossiers. Les autres peuples n'y étoient pas plus habiles. Ainsi il ne faut pas chercher dans la doctrine de Pythagore un systéme de Physique bien complet & bien suivi. Il n'estimoit pas mesme assez cette science pour en faire une étude particuliére ; car il disoit que la Philosophie, ou la Sagesse, étoit la science de la vérité des choses qui éxistent véritablement ; que les choses qui éxistent véritablement sont les incorporelles & éternelles, & que toutes les choses matérielles & corporelles étant nées & sujettes à corruption, elles sont sans estre, & par consequent qu'elles ne peuvent tomber sous la science. Cependant quoyque ce qu'on nous

Physique de Pythagore.

a conservé de sa Physique ne soit peut-estre qu'une petite partie de ce qu'il enseignoit, on ne laisse pas d'y trouver des découvertes considérables, & des principes qui marquent une assez profonde connoissance, & beaucoup d'esprit.

Il concevoit la matiére comme une seule masse, qui par la différente configuration des parties qui la composent, a produit les élements. Ce qu'il expliquoit de cette maniére.

Des cinq figures des corps solides, qu'on appelle aussi Mathématiques, du *cube*, qui est le corps quarré à six faces, a été faite la terre; de la *Pyramide*, le feu; de l'*octaedre*, c'est à dire du corps à huit faces, l'air; de l'*icosaedre*, ou corps à vingt faces, l'eau; & du *dodecaedre*, ou du corps à douze faces, la supréme sphére de l'univers, en quoy il a été suivi par Platon.

Timée de Locrés a parfaitement expliqué cette doctrine dans le petit ouvrage que Platon nous a conservé, & l'explication qu'il en donne s'est trouvé trés-conforme à celle que m'en a donné un célébre Mathématicien *M. Sauveur.* que j'ay consulté, & qui asseurément n'a jamais lû Timée. Voicy comme parle cet habile Mathématicien.

Par le *cube* ou *exaedre*, Pythagore a voulu marquer la stabilité ou solidité de la terre ; & par les triangles qui environnent le *tetraedre*, l'*octaedre*, & l'*icosaedre*, la fluidité du feu, de l'air, & de l'eau.

Le *tetraedre*, à cause de sa figure pyramidale, & son peu de solidité, représente le feu qui est trés-tenu, & trés-mobile.

L'*octaedre*, qui est comme deux Pyramides jointes ensemble par une base quarrée, ayant plus de solidité, représente l'air qui est moins leger, & moins subtil que le feu. Cette figure par une de ses pyramides, s'approche du feu élémentaire, & par l'autre de la terre, qu'elle ne touche que par un point, c'est à dire, dont elle est detachée.

L'*icosaedre*, qui est comme deux pyramides pentagones appuyées sur un rond environné de triangles, repréfente l'eau, qui eft plus folide, & plus pefante que l'air, & qui fe repofe fur la terre qui contient les trois éléments à triangles.

Enfin le *dodecaedre*, étant formé de douze pentagones, marque la fupréme fphére de l'univers; parce qu'outre que le pentagone renferme les autres figures, les douze faces renferment les quatre élements, les fept cieux, & le firmament. Timée s'explique prefque dans les mefmes termes, & ce que je viens de rapporter peut fervir de commentaire à ce qu'il a écrit; mais ce fyftéme eft bien différent de celuy des atomes dont Leucipe, & Democrite ont été les auteurs.

Cette matiére ainfi diverfifiée par la diverfe configuration de fes parties, fouffre de continuels changements, & fournit fans ceffe des alterations infinies pour les productions & les corruptions; c'eft pourquoy Pythagore l'appelloit *autre*, & il difoit que de cet *autre*, & du *mefme*, qui est Dieu, le monde avoit été fait un animal vivant & intelligent, à cause de l'esprit qui le meut, & qui l'anime. Il enseignoit qu'il étoit rond ; que le feu en occupoit le milieu ; & que la terre ronde aussi, & l'une des étoiles, c'est à dire des planettes, tournant autour de ce centre, faisoit ainsi le jour & la nuit, & qu'elle avoit des antipodes, suite nécessaire de sa rondeur.

Il fut le prémier qui découvrit l'obliquité du Zodiaque, & qui reconnut que la Lune recevoit toute sa lumiére du Soleil ; que l'arc-en-ciel n'étoit que la reflexion de la lumiére, & que l'étoile du soir qu'on appelle *Venus* & *Vesper*, est la mesme que l'étoile du matin appellée *Lucifer* & *Phosphore*, & il expliqua sa nature & son cours : mais il ne paroist pas qu'il ait connu qu'elle empruntoit sa lumiére du Soleil, comme la Lune.

Il appella le prémier l'univers κόσμον, *monde*, pour marquer la beauté, l'ordre, & la régularité qui régnent dans toutes ses parties. Voila d'où vient que dans tous les écrits plus anciens que Pythagore, on ne trouve jamais ce mot employé pour dire l'univers.

Il disoit que *le temps est la sphére du dernier ciel qui contient tout;* pour faire entendre que le temps enveloppe, & renferme toutes choses; & que le mouvement de l'univers est la mesure du temps, qui a commencé avec ce monde visible, & qui, comme dit Platon, fut créé avec le ciel, afin qu'étant nez ensemble, ils finissent aussi ensemble, s'ils viennent jamais à estre dissous.

Il paroist qu'il est le prémier, qui transportant sur la surface de la terre les deux tropiques, & les deux cercles polaires, a divisé cette surface en cinq zones. Celle qui occupe le milieu de la terre entre les deux tropiques, il l'a appellée *la zone torride;* celles qui sont entre les tropiques, & les cercles polaires, il les a appellées *tempérées;* & les deux derniéres, du costé des poles, il les a appellez *les* zones *froides*, ou *glaciales*. Et il a crû qu'il n'y avoit que celle du tropique d'esté, & celle du tropique d'hyver qui fussent habitées, comme tenant le milieu chacune de son costé, entre la chaleur extréme de la zone torride, & le froid excessif de la zone glaciale.

Il appelloit la mer *une larme de Saturne :* Les deux ourses polaires, *les mains de Rhée :* La Pleïade, *la lyre des Muses :* Les planettes, *les chiens de Proserpine.* Et j'avouë que j'ignore parfaitement les raisons qui ont pû donner lieu à ces idées.

Sur la larme de Saturne, un sçavant Auteur a crû que cette expression pouvoit avoir été tirée des fables des Juifs, qui disoient que toutes les fois que Dieu se souvenoit des calamitez de son peuple, il jettoit deux larmes dans la mer océane : mais cela me paroist bien éloigné. Il y a plus d'apparence que ce sont des expressions énigmatiques fondées sur d'anciennes fables, que nous ignorons.

J'ay déja dit que les Egyptiens é-

Lucas Holstenius

toient les peuples du monde les plus soigneux de leur santé. Cette grande attention avoit produit un nombre infini de Médecins ; mais de Médecins qui n'ayant encore presque aucune connoissance de la nature, ne fondoient la médecine que sur les expériences, & ne tiroient leur pratique que des receuils publics que l'on avoit conservez.

Thalés, Epiménide, Phérecyde furent les prémiers qui commençant à étudier la Nature, joignirent la Médécine à la Physique. C'étoient des Médecins Philosophes moins attachez à la pratique qu'à la theorie, & qui trés-contents de connoistre les causes générales, raisonnoient sur tout ce qui paroissoit.

Pythagore suivit leur éxemple : il s'attacha à la Médécine, & l'on peut dire que ses découvertes n'ont pas été inutiles pour la perfection de cet art. Il reconnoissoit les quatre éléments comme les sujets des quatre premiéres qualitez du froid & du chaud, du sec & de l'humide, & c'est ce qui donna bientoſt lieu à la découverte de ce grand principe, que ce ne ſont pas ces premiéres qualitez qui font les maladies; mais les ſecondes, l'acerbe, l'amer, le doux, le ſalé, & toutes les autres ſaveurs. Principe qu'on peut appeller le fondement de la Médécine.

Il appelloit l'yvreſſe, *la ruine de la ſanté, le poiſon de l'eſprit, & l'apprentiſſage de la manie*. Il diſoit que le printemps eſt la plus ſaine des ſaiſons, & l'automne la plus mal-ſaine. Il condamnoit tous les excés dans le travail, & dans la nourriture, & vouloit qu'on y gardaſt toûjours l'équilibre & la juſte proportion.

En général, il condamnoit l'amour. Quelqu'un luy ayant demandé en quel temps il pouvoit approcher d'une femme! il répondit, *quand tu ſeras las de te bien porter.*

Il poſoit le chaud pour principe de la vie. Il ſouſtenoit que tous les animaux naiſſent des ſemences, & qu'il eſt impoſſible que d'un élement ſeul, comme de la terre, il naiſſe aucun animal vivant; par là il ruinoit le systéme de Thalés qui ne reconnoissoit que l'eau pour principe des choses.

Il enseignoit que ce qui forme l'homme est une substance qui descend du cerveau; &, comme il l'appelloit luy-mesme, *une goute du cerveau*, imprégnée d'une vapeur chaude; que de la substance sont formez les os, les nerfs, les chairs, & toutes les autres parties; & que de la vapeur chaude se forment l'ame & le sentiment; car par cette *vapeur chaude* il n'entendoit que les esprits; & c'est dans ce mesme sens qu'il disoit que le sentiment en général, & la veuë en particulier étoient une vapeur trés-chaude.

Il disoit que le fœtus est formé en quarante jours, & que selon les loix de l'harmonie, c'est à dire du mélange des qualitez, il naist le septiéme, le neuviéme, ou le dixiéme mois, & qu'alors il a en luy les principes & les raisons de tout ce qui luy doit arriver pendant sa vie, qui ne manque jamais d'estre conforme à l'harmonie dont il est composé : car, comme l'a dit aprés luy Timée de Locrés son disciple, *nos dispositions à la vertu ou au vice,* (comme à la santé & à la maladie,) *viennent plustost de nos parents, & des principes dont nous sommes composez, que de nous-mesmes.*

Outre le prémier partage de l'ame en entendement, & en ame, ou char subtil de l'ame, il en faisoit un second ; car il enseignoit que l'ame est composée de trois parties, de la sensitive, de l'irascible, & de l'intelligente. Que la sensitive, & l'irascible, communes à tous les animaux, ont leur siége dans le cœur où elles sont le principe des passions & des sentimens, & que la raisonnable particuliére à l'homme a son siége dans le cerveau, où elle est le principe de l'intelligence, ou l'intelligence mesme. Que les deux premiéres sont nourries & entretenuës par le sang, & que les raisons & les discours sont les vents qui entretiennent le feu de l'ame intelligente.

Quand on lit le Timée de Locrés, que Platon a expliqué, on voit clairement que Pythagore avoit parfaitement connu les causes de la santé & des maladies du corps & de l'ame. Aussi Hippocrate a-t-il suivi la plufpart de ses principes, en les perfectionnant.

C'est de Pythagore que Timée avoit appris que la nature a formé notre corps comme un instrument capable d'obéir & de se conformer à tous les differents genres de vie; & que comme cet instrument pour estre en bon état doit avoir la santé, la vivacité du sentiment, la force, & la beauté, ou juste proportion des parties; il faut aussi accorder & accommoder l'ame aux vertus qui répondent analogiquement aux qualitez ou vertus du corps. Qu'il faut donc luy donner la tempérance qui répond à la santé, la prudence qui répond à la vivacité du sentiment, le courage qui répond à la force, & enfin la justice qui répond à la beauté ou juste proportion des parties. Et que les principes de ces vertus de l'ame & du corps viennent véritablement de la nature ; mais que le progrés & la perfection viennent de l'éducation & du soin ; celles du corps par le moyen de la gymnastique & de la Médecine, & celles de l'ame par le moyen de la Philosophie ; car comme Platon l'a dit admirablement dans le commentaire qu'il a fait sur ce traité du Timée, * *La culture de ces deux parties, dont nous sommes composez (de l'ame & du corps,) c'est de donner à chacune la nourriture & les mouvements qui luy sont propres.*

Pythagore apprit les nombres & l'arithmétique des marchands Phœniciens, & il trouvoit cette science si merveilleuse, qu'il disoit que celuy qui l'avoit inventée étoit le plus sage des hommes, & au dessus mesme de celuy qui avoit imposé les noms aux choses, ce qu'il regardoit pourtant comme l'effet d'une profonde sagesse. Il se servoit des nombres pour expliquer la création & les principes des estres comme je l'ay dé-

Arithmétique.

---

* Cette matiére est traitée plus à fond dans ma préface sur les Oeuvres d'Hippocrate.

ja remarqué. Par exemple, il disoit, que *l'ame étoit un nombre se mouvant soy-mesme ; & que tout ressembloit au nombre.*

<small>Dans le traité de l'ame. liv. 1. chap. VI.</small>

Aristote n'a combattu cette premiére expression, & n'y a trouvé des absurditez infinies, que parce qu'il l'a prise à la lettre, comme si Pythagore avoit voulu dire que l'ame étoit véritablement une unité, un point qui se mouvoit, & qui changeoit de situation ; mais ce n'étoit nullement là le sens de ce Philosophe, qui par cette figure vouloit faire seulement entendre que l'ame a un caractére de divinité, & qu'étant immatérielle & indivisible, & se mouvant par sa volonté, elle ressembloit à Dieu mesme ; comme en disant que *tout ressembloit au nombre*, il n'a voulu dire autre chose, sinon que la divinité étoit reconnoissable dans tous les ouvrages de la nature, & qu'elle y avoit comme tracé son image.

On attribuë mesme à Pythagore, ou à ses disciples l'invention des nottes numérales que nous appellons *chiffres,*

chiffres, & que l'on attribuë vulgairement aux Arabes. Vossius a prouvé qu'elles sont plus anciennes qu'on n'a crû, & M. Huet, ancien Evesque d'Avranches, & un des plus sçavants hommes de notre siécle, a fait voir trés-clairement que ces chiffres ne sont que les lettres Gréques, qui peu à peu ont été altérées & défigurées par les copistes ignorans, ou par une longue habitude d'écrire, qui corrompt ordinairement la main. On croit aussi que les Pythagoriciens avoient connu le progrés decuple; & je suis persuadé qu'on se trompe. Il est certain que les dix doigts ont fixé anciennement le calcul au dixain, & que l'on repétoit toûjours de maniére que par la diverse position des doigts, & par la différente figure qu'on leur donnoit, on leur faisoit signifier tantost un, & tantost mille. C'est sur cela qu'est fondé le bon mot d'Oronte, gendre du Roy Artaxerce, lequel ayant été disgracié, dit que *les favoris des Rois étoient comme les doigts de la main, qu'on fait valoir com-*

Dans ses notes sur Pomponius Mela.

Demonstrat. Evang. pro. of. 4. c. 13. §. 9. p. 172.

me on veut un ou dix mille. Mais on ne montrera jamais que les doigts ayent conduit à ce progrés, qui donne tant de vertu aux chiffres, que plusieurs de ces chiffres étant mis ensemble, le dernier ne vaut qu'un, le penultiéme vaut dix, l'antépenultiéme vaut cent, & ainsi à l'infini, en augmentant toûjours la valeur du chiffre au decuple de celuy qui le precéde, selon cette régle, *nombre, dixaine, centaine, mille, dixaine de mille.* Je ne voy pas qu'il y ait aucun vestige de cette opération d'arithmétique dans toute l'antiquité; & si je croy cet usage moderne, je croy aussi la raison sur laquelle il est fondé trés-inconnuë, & trés-difficile à découvrir.

Les Mathématiques. La Geométrie.

Comme les debordemens du nil confondoient tous les ans les limites des héritages, & diminuoient les terres, pour les rétablir, & pour faire en sorte que chacun ne payast le tribut au Prince qu'à proportion de ce qui luy restoit de terre, il fallut inventer un art, qui en remettant chaeun dans son bien, marquast aussi précisément la diminution qu'il avoit soufferte, & ce fut ce qui produisit la Géométrie, dont on attribuë l'invention à un Roy d'Egypte, c'est à dire à ses ordres, & la perfection à Pythagore. On voit par là que l'Arpentage a été les prémiers élements de la Géométrie; & il faut qu'il ait été bien ancien en Egypte, puisqu'on le trouve trés-connu, & trés-pratiqué en Gréce plus de trois cens ans avant Pythagore, comme on le voit dans les poësies d'Homére qui a orné son Poëme de comparaisons tirées de cet art.

Nous ne sçavons pas jusqu'où Pythagore avoit poussé les Mathématiques, car il ne nous reste presque rien qui puisse nous faire juger du progrés qu'elles avoient fait par son moyen. Nous sçavons seulement qu'il y étoit fort appliqué, & que ce fut luy qui trouva, & qui démonstra que le quarré de l'hypotenuse d'un triangle rectangle est égal aux deux quarrez des deux costez. On dit mesme qu'il eut tant de joye de cette découverte, qu'il immola aux Muses une hécatombe.

Mais comment Pythagore auroit-il immolé cent bœufs, luy, qui condamnoit si fortement la trop grande dépense dans les sacrifices, & qui apparemment n'étoit pas dans une fortune à pouvoir faire ce qu'il deffendoit! Ciceron rapportant la mesme histoire, dit qu'il n'immola qu'un bœuf : & il reste encore sur cela une difficulté ; c'est que Pythagore n'offrit jamais de sacrifice sanglant. Les historiens de sa vie remarquent qu'à Delos il ne fit ses priéres qu'à l'autel d'Apollon qui préside à la naissance ; parce que c'étoit le seul autel qui n'étoit pas arrosé de sang ; car on n'avoit garde de souiller par la mort des animaux, un autel dedié à la naissance & à la vie. La solution de cette difficulté doit estre tirée d'une loy fort ancienne, qui permettoit d'offrir des victimes faites par art, quand on n'en avoit pas de naturelles, ou qu'on ne pouvoit les offrir. C'est ainsi que Porphyre écrit, que Pythagore offrit un bœuf en sacrifice, non pas un bœuf vivant, mais un bœuf fait de Paste : & Athenée rapporte de mesme, qu'Empedocle, disciple de Pythagore, ayant été couronné aux jeux Olympiques, distribua à ceux qui étoient présents un bœuf fait de myrrhe, d'encens, & de toutes sortes d'aromates. Pythagore avoit encore tiré cette coustume d'Egypte, où elle étoit fort ancienne, & où elle se pratiquoit encore du temps d'Herodote, qui écrit, que malgré l'horreur que les Egyptiens avoient pour les pourceaux, ils en immoloient à Bacchus & à la Lune, & mangeoient la chair de ces victimes ; & que ceux qui n'avoient pas le moyen d'avoir un pourceau pour l'immoler, en faisoient un de paste, & aprés l'avoir fait cuire, ils l'offroient en sacrifice comme un pourceau vivant. Cette coustume des Egyptiens pouvoit avoir été empruntée des Philistins qui offrirent à Dieu des rats d'or. Mais ce qu'il y a de

Dans le 1. liv. des Rois. ch. VII.

bien remarquable, c'est qu'elle a passé d'Egypte dans les Indes avec beaucoup d'autres rites des Egyptiens, & des Pythagoriciens ; & qu'elle s'y conserve encore aujourd'huy, comme M. Thevenot le marque dans ses voyages des Indes, en parlant de Bramens de Telenga, province de l'Indostan. *Il y a*, dit-il, *un autre jour de réjoüissance, auquel ils font une vache de paste, qu'ils emplissent de miel, & puis l'égorgent, & la mettent en piéces. Ce miel qui coule de tous costez représente le sang de la vache, & ils mangent la paste au lieu de sa chair. Je n'ay pû sçavoir l'origine de cette ceremonie.* Cette origine n'est autre que celle que je viens de marquer. Le mesme voyageur rapporte qu'en ce pays-là il y a un certain jour dans l'année, auquel ces Bramens mengent de la chair de pourceau, mais secrettement, de peur de scandale. C'est encore un rameau de la superstition d'Egypte dont parle Herodote.

On fait honneur à Pythagore de

la découverte des proportions harmoniques. On raconte mesme comment cela arriva. On écrit, qu'un jour, aprés avoir médité long-temps sur les moyens d'aider l'oüye, comme on en avoit déja trouvé pour aider & asseurer la veuë par la régle, le compas, l'astrolabe, & autres instrumens, & le tact, par la balance & par les mesures, il passa par hazard devant la boutique d'un Forgeron, & entendit plusieurs marteaux de différente grosseur, qui battoieut le fer sur l'enclume. La justesse de cette harmonie le frappa, il entra dans la boutique, éxamina les marteaux, & leur son, par rapport à leur volume ; & s'en étant retourné chés luy, il fit un instrument de la muraille de sa chambre, avec des pieux qui tenoient lieu de chevilles, & des cordes d'égale longeur, au bout desquelles il attacha différens poids, & en frappant plusieurs de ces cordes ensemble, il en formoit différents accords, & s'instruisoit par là des raisons de cette différente harmonie, & des intervalles qui la cauſoient ; & ſur cela il fit le célébre canon d'une ſeule corde, qui fut appellée, *le canon de Pythagore*, où il marqua toutes les proportions harmoniques. C'eſt ce canon que ſon fils Arimneſte conſacra long-temps aprés dans le Temple de Junon, à Samos, ſur une lame de cuivre, & le meſme qu'un certain Simus enleva, & qu'il redonna en ſuite ſous ſon nom, comme s'il en avoit été l'inventeur.

Pythagore avoit ſur la muſique un ſentiment bien particulier, & que les maîtres de l'art trouveront pourtant raiſonnable & juſte, quand ils l'auront approfondi. Il condamnoit, & rejettoit tout jugement que l'on fait de la muſique par l'oüye ; parce, dit Plutarque, qu'il trouvoit que le ſentiment de l'oüye étoit déja ſi affoibli, qu'il n'en pouvoit plus juger ſainement. Il vouloit donc qu'on en jugeaſt par l'entendement & par l'harmonie analogique & proportionnelle. C'étoit à mon avis pour faire entendre que la beauté de la muſique eſt

Dans le traité de la muſique, page 1144.

indépendante du chant qui flatte l'oreille, & ne confifte que dans la raifon, dans la convenance & dans les proportions dont l'intelligence eft le feul juge.

Quand à ce qu'il difoit, que le fens de l'oüye étoit déja deuenu foible & impuiffant, cela s'accorde avec ce qu'il affeuroit, que fi les hommes n'entendoient pas l'harmonie de l'univers, c'étoit à caufe de la foibleffe & de l'imbécilité de leur nature qu'ils avoient laiffé abaftardir & degénerer.

Il regardoit la mufique comme un grand reméde pour la fanté, & il s'en fervoit dans les maladies du corps, comme dans celles de l'ame. Mais il ne regardoit comme véritable mufique que celle qui marie la voix avec les inftruments. Car, comme Platon l'a dit aprés luy, la mufique parfaite eft un compofé de voix & d'harmonie. La voix feule eft plus parfaite que les inftruments feuls ; mais il manque quelque chofe à fa derniére perfection, c'eft l'harmonie ; & les inftruments feuls fans la voix, ne rendent que des fons vagues qui peuvent bien émouvoir, mais qui ne peuvent jamais ni instruire ni former les mœurs, ce qui doit estre la premiére fin de la musique. Homére semble avoir enseigné à Pythagore cette vérité ; car il ne représente pas Achile joüant simplement de la Lyre, mais chantant sur sa Lyre les exploits des Héros. Voila pourquoy, de tous les instruments ce Philosophe n'approuvoit & ne retenoit que la Lyre, & il rejettoit sur tout la flûte, comme ayant un son trop violent, & plus propre à mettre en fureur, qu'à ramener aux mœurs, pour me servir des termes d'Aristote, qui a embrassé le sentiment de Pythagore, comme Platon, & qui aprés en avoir dit les raisons, toutes tirées de la Morale, asseure que Minerve ne rejetta pas tant les flutes, parce qu'elles rendent difforme le visage de ceux qui en joüent, que parce qu'elles ne contribuent en aucune maniére à former l'esprit & les mœurs.

Aristoxéne a écrit que Pythagore fut le prémier qui porta en Gréce les poids & les mesures; mais cela est démenti par les témoignages de l'antiquité; les poësies seules d'Homére font voir que les poids & les mesures étoient connus en Gréce plusieurs siécles avant Pythagore.

Du temps de ce Philosophe la Logique ne faisoit pas partie de la Philosophie. On n'avoit pas encore fait des régles pour reduire en art le raisonnement, que l'on croyoit aussi naturel à l'homme que la parole. La nécessité de cet art commença pourtant bientost à se faire sentir; car ce fut environ vers ce temps là que les Sophistes commencérent à s'élever, & à abuser du raisonnement pour combattre la raison; c'est pourquoy le Disciple de Pythagore, qui a fait les Vers dorez, donne ce précepte: *Il se fait parmi les hommes plusieurs sortes de raisonnements bons & mauvais. Ne les admire pas legerement, & ne les rejette pas non plus. Mais si l'on avance des faussetez, céde doucement, & arme-toy de patience.*

La Logique.

Voilà tous les préceptes de Logigique qu'on trouve dans ce siécle là, comme parmi les Hebreux du temps de Salomon, qui se contente de dire dans le mesme sens, & dans la mesme veuë, *que toute science sans éxamen & sans preuve, ne fait que tromper.* Nulle methode marquée encore, nulles régles prescrites; mais seulement des avertissements vagues, de se deffier des raisonnements, & de les éxaminer pour discerner la vérité d'avec le mensonge. Ces avertissements ont enfin produit la Dialectique, qui est la véritable Logique. A mesure que les Sophistes se sont multipliez, & accréditez, on s'est aussi plus attaché à la Dialectique, si nécessaire pour les combattre, & pour empescher leur progrés. Voila pourquoy Socrate la cultiva particuliérement, & Platon la perfectionna, & en régla mesme l'étude. Ils ne donnérent pourtant ni régles, ni préceptes, ils n'enseignoient que par éxemples; & comme dit Aristote, * *ils en-*

---

* Οὐ γὰρ τέχνην, ἀλλὰ τὰ ἀπὸ τῆς τέχνης διδόντες. *De sophist. Elench.* 2. 34.

seignoient, non pas l'art, mais l'effet de l'art. C'est à dire, qu'ils enseignoient la pratique sans donner des régles. Zénon d'Elée avoit bien imaginé quelques syllogismes, comme des tours de palestre; mais cela n'étoit pas capable de faire la prémiére ébauche de l'art. Cet honneur de mettre la raison en régles, s'il est permis de parler ainsi, étoit reservé à Aristote, au génie du monde le plus propre à réduire en art la pratique de ceux qui l'avoient precédé, & à faire des régles sur les éxemples. C'est donc l'abus que l'on a fait du raisonnement qui a produit la Logique, & qui l'a produite dans le temps où l'on en avoit le plus de besoin pour soustenir la vérité & la justice contre les efforts des Sophistes qui enseignoient à leur resister; mais ce seroit la matière d'un gros ouvrage, que de marquer la naissance, le progrés, la perfection, & la derniére constitution de la Logique. Revenons à Pythagore.

L'application qu'il donnoit à toutes ces sciences ne l'empeschoit pas de cultiver la politique, qui faisoit presque toûjours l'occupation des premiers sages. Il l'appuya sur ses véritables fondemens, qui sont l'égalité & la justice. Aussi parmi les ouvrages qu'on cite de luy, il y a non seulement des livres de Physique, & des préceptes de Morale, comme ceux qui sont contenus dans les Vers dorez, mais encore des traitez de Politique. Tous ces ouvrages se sont perdus : mais l'étenduë d'esprit, & le grand sens de Pythagore n'auroient jamais pû si bien paroistre par ses écrits de Politique, qu'ils éclatent par les grandes choses qu'il a éxecutées. Les actions beaucoup mieux que les paroles font juger de la sagesse de ceux qui donnent des loix aux peuples, & qui établissent des régles pour le gouvernement des Etats. Le sage n'est pas seulement heureux, mais il rend heureux tous ceux qui l'écoutent. C'est ce que fit Pythagore ; il délivra du joug de la servitude plusieurs villes d'Italie, & de Sicile; appaisa les séditions dans plusieurs autres, rétablit l'union & le calme dans une infinité de familles déchirées par la discorde, & adoucit les mœurs féroces de plusieurs peuples, & de plusieurs tyrans; sa sagesse, sa douceur, & son équité étoient comme des vents frais & agréables, qui rallentissoient l'ardeur des plus emportez. Un tyran de Centorupine en Sicile fut si frappé de ses discours, que non seulement il déposa la tyrannie, mais il se dépoüilla mesme de tous ses biens, dont il donna une partie à sa sœur, & l'autre partie à la ville, & ne se reserva que le nécessaire pour vivre dans l'état d'un simple particulier.

Un seul resista aux remontrances de Pythagore, ce fut Phalaris de Crete tyran de Sicile, & le plus cruel des tyrans. Pythagore étoit allé à sa Cour dans l'esperance de ramener à la pieté & à la raison cet homme impie, qui faisoit gémir ses peuples dans la plus insuportable de toutes les servitudes. Il luy parla avec beaucoup de liberté & de force, sur le culte des Dieux, sur la providence à laquelle les méchans ne peuvent jamais se dérober, & sur les horreurs de la tyrannie. Phalaris ne pouvant supporter des véritez qui l'effrayoient, sans le corriger, s'emporta contre luy, & contre le Scythe Abaris qui l'accompagnoit, & les menaça de les faire mourir. L'attente de la mort n'étonna point Pythagore, il continua de parler au tyran avec la mesme liberté ; le tyran n'en devint que plus endurci. Mais si les raisons de la Philosophie furent molles contre la dureté de ce monstre, elles eurent la force de ranimer les Crétois, & de reléver leurs courages abbatus par la tyrannie. Phalaris fut tué le jour mesme qu'il avoit marqué pour la mort d'Abaris & de Pythagore.

Ce qui fait encore beaucoup d'honneur à ce Philosophe, ce sont les grands hommes sortis de son échole, comme Architas, Lysis, Empédocle, Timée, Epicharmus, & plusieurs autres, parmi lesquels on compte mesme son Esclave Zamolxis qui étoit de Thrace, & qui fit de si grands progrés auprés de son maistre, qu'il mérita d'estre choisi pour donner des loix à son pays.

Voicy encore deux sages Legislateurs formez dans la mesme école, Charondas qui gouverna la ville de Thurium, & Zaleucus qui donna des loix à celle de Locrés. Le lecteur ne sera peut-estre pas fasché de voir icy quelques traits de la sagesse de ces deux Pythagoriciens.

Charondas chassa du conseil, & priva de toute fonction publique ceux qui avoient donné des maratres à leurs enfans, supposant, & peut estre avec raison, que puisqu'ils avoient fait ce tort à ceux qui leur devoient estre si chers, ils seroient trés-capables de faire tort à leur patrie, & de luy donner de mauvais conseils.

Comme rien ne contribuë tant à la corruption des mœurs, que la fréquentation des vicieux, il fit une loy contre les mauvais commerces, de maniére qu'un jeune homme qui hantoit mauvaise compagnie, étoit appellé en justice, & puni comme d'une mauvaise action.

Il fut le prémier qui établit pour la jeunesse des maîtres payez des deniers publics.

Mais on vante sur tout sa loy sur les tuteles. Il ordonna que les biens des enfans orphelins seroient administrez par les plus proches parents du costé du pére, & que leur personne & le soin de leur éducation, ne seroient confiez qu'aux plus proches parents du costé de la mére; car la vie de l'orphelin seroit plus en seureté entre les mains de ceux qui ne pouvoient prétendre à son bien, & son bien seroit regi avec plus de fidélité & de soin par ceux que la succession regardoit, & qui n'étoient pas maîtres de la personne.

Zaleucus, aprés avoir exhorté ses citoyens en général à la piété, les Magistrats à la justice, & à ne consulter dans leurs jugemens ni la haine, ni l'amitié, & chaque particulier à la bonne conscience, à ne faire jamais tort à personne, à n'avoir point de guerres immortelles; mais à regarder un ennemi, comme pouvant redevenir ami, en quoy il est aisé de reconnoistre la doctrine de Pythagore. Il s'attacha sur tout comme son maistre à refréner le luxe; & voicy sur cela une de ses loix qui a paru trés-remarquable par sa singularité : *Qu'aucune femme libre ne méne avec elle qu'une esclave, à moins qu'elle ne soit yvre : Qu'elle ne sorte de la ville pendant la nuit, si ce n'est pour adultére : Qu'elle ne porte ni or, ni broderie, à moins qu'elle ne fasse profession de courtisane : Que les hommes ne portent ni anneaux d'or, ni habits magnifiques, s'ils ne veulent passer pour débauchez.* Il prétendoit qu'il n'y avoit personne assez impudent pour faire profession publique de turpitude, & pour porter un si honteux tesmoignage contre luy-mesme au milieu de ses citoyens.

Comme rien n'asseure tant le repos des peuples, que le maintien des loix, pour empescher ses citoyens de se dégouster de celles qu'ils avoient receuës, & de les changer sans une nécessité prouvée par des raisons de la derniére évidence, il ordonna que celuy qui entreprendroit d'anuller une loy ancienne, & d'en proposer une nouvelle, seroit introduit dans l'assemblée du peuple la corde au col: que là il déduiroit les inconvéniens qu'il trouvoit dans la loy qu'il vouloit proscrire, & les avantages qui reviendroient de celle qu'il vouloit établir : que s'il avoit raison, il seroit honoré & recompensé comme un pére de la patrie, dont aucun danger ne pouvoit refroidir l'amour & le zéle, & s'il avoit tort il seroit étranglé sur l'heure mesme comme un perturbateur du répos public.

Nous avons déja vû le respect que Pythagore avoit pour le mariage. Il le regardoit non seulement comme une société nécessaire à la politique, mais encore comme un acte de religion ; car il disoit qu'on étoit obligé de laisser aprés soy des successeurs pour honorer les Dieux, afin que leur culte fust continué d'âge en âge. Il se maria à Crotone, & épousa Theano fille de Brontin, un des principaux de cette ville là. Il en eut deux fils Arimneste, & Telauges; ce dernier succéda à l'école de son pére, & fut maistre d'Empédocle. Il en eut aussi une fille, appellée *Damo*. La mére & la fille se distinguérent par leur grand sçavoir; mais plus encore par leur vertu. Dans les cerémonies de Religion, elles étoient toûjours choisies, l'une pour méner le chœur des femmes, & l'autre pour méner celuy des filles. On rapporte de la mére un mot qui mérite d'estre conservé. On luy demandoit combien il falloit de jours à une femme pour estre pure aprés avoir eu commerce avec un homme? Elle répondit, *si c'est avec son mary, elle l'est sur l'heure mesme; & si c'est avec un autre, elle ne l'est jamais.*

La fille avoit fait d'excellents commentaires sur Homére; mais tous ses beaux ouvrages doivent luy faire moins d'honneur, que le respect qu'elle eut pour les derniers ordres de son pére. On dit que Pythagore luy avoit donné quelques-uns de ses écrits, avec deffenses expresses de les communiquer à personne hors de sa famille. Damo obéit si exactement, que quoyque dans une extréme pauvreté, elle réfusa une grosse somme qu'on luy offroit de ses ouvrages, aimant mieux estre pauvre en obéissant aux volontez de son pére, que de devenir riche en leur desobéissant.

Ce que je dis icy des ouvrages de Pythagore est contraire à ce que quelques anciens ont asseuré, que Pythagore n'avoit jamais rien écrit. Plutarque est mesme dans ce sentiment, quand il dit dans la vie de Numa, que *les Pythagoriciens n'écrivoient jamais leurs préceptes, & se contentoient de les enseigner de vive voix à ceux qu'ils en croyoient dignes, n'estimant ni beau, ni honneste, que des mystéres si saints fussent divulguez par des lettres mortes.* Mais ce sentiment est combattu par des autoritez qui ne sont pas à méprifer. Il est mesme certain que Plutarque se trompe. Les Pythagoriciens écrivoient leurs préceptes. Leurs symboles n'étoient-ils pas publics? Mais ils ne les expliquoient pas dans leurs écrits, ils ne les expliquoient qu'aux disciples. Philolaus fut le prémier qui en donna l'explication dans ces trois volumes que Dion achepta cent mines, par le conseil de Platon, qui voulut par ce moyen soulager l'extréme pauvreté de Philolaus; & c'est ainsi qu'il faut entendre les paroles de Diogene Laërce, *Jusqu'à Philolaus il n'étoit pas permis de connoistre aucun dogme de Pythagore, ce fut luy qui publia le prémier ces trois volumes celébres, que Platon fit achepter cent mines.* Il veut dire, qu'il n'étoit pas permis aux étrangers.

_{Mille écus.}

Quant aux ouvrages de Physique & de Politique, qu'on cite de Pythagore, il est bien difficile, ou plustost impossible d'établir s'ils étoient de luy ou de ses disciples; car ces derniers pouvoient fort bien avoir imité une coustume qui étoit en Egypte. Quand quelqu'un avoit fait un ouvrage, il étoit obligé de le soumettre à la censure des Prestres commis pour cet éxamen. Si l'ouvrage étoit approuvé, on l'écrivoit fur des colomnes fans nom d'auteur; & tous ces ouvrages étoient attribuez à Hermes, à Mercure le Dieu qui préfide aux fciences. Il peut fe faire de mefme, que les prémiers difciples de Pythagore ne mettoient pas leur nom à leurs écrits, & qu'ils les attribuoient tous à leur maiftre, comme à celuy dont ils avoient tout receu. Il eft vray que cette couftume, qui marquoit tant de reconnoiffance, ne dura que peu de temps, puifqu'on voit Architas, Empedocle, Simonide, Timée mettre leur nom à la tefte de leurs ouvrages.

Quoyqu'il en foit, il eft certain que tout ce que les prémiers difciples de Pythagore avoient écrit, doit eftre regardé comme l'ouvrage de Pythagore mefme; car ils n'écrivoient que fes fentiments, & ils les écrivoient avec tant de religion, qu'ils n'y auroient pas voulu changer une fyllabe, regardant les paroles de leur maiftre comme les oracles d'un Dieu, & nalléguant

guant, pour asseurer la vérité d'un dogme, que ce mot célébre, *il l'a dit.* Les préjugez, qu'ils avoient conceus en sa faveur, étoient si forts que son autorité seule dénuée de raison, passoit pour la raison mesme.

Rien n'égaloit le respect qu'on avoit pour luy. On le regardoit comme la plus parfaite image de Dieu parmi les hommes ; & il conservoit dans l'esprit de ses disciples toute la majesté de cette Image divine. On appelloit sa maison le Temple de Cerés, & sa cour le Temple des Muses. Et quand il alloit dans les villes, on disoit qu'il y alloit, *non pas pour enseigner les hommes, mais pour les guérir.*

Qui ne croiroit qu'un homme si honoré & si respecté, & qui n'avoit jamais fait que du bien aux hommes, auroit eu une vieillesse tranquille & une fin heureuse ; mais ce n'est pas toûjours ce que doivent attendre les Hérauts de la sagesse. La corruption & l'injustice des hommes leur promettent plus de traverses que de tranquillité.

Les derniéres années de Pythagore

h

se passèrent dans la persécution, & il mourut d'une mort tragique. Voicy le commencement & l'origine de ses malheurs.

Il y avoit à Crotone un jeune homme nommé Cylon, que sa naissance, ses richesses, & le grand crédit de sa famille, avoient tellement enflé d'orgueil, qu'il croyoit faire honneur à Pythagore, de se présenter pour estre son disciple. Pythagore, qui ne jugeoit pas des hommes par ces choses étrangéres, & qui reconnoissoit en luy un fonds de corruption & de méchanceté, le renvoya. Cylon outré de cette injure, ne chercha qu'à se venger. Il décrie par tout ce Philosophe, & tasche de le rendre suspect au peuple, en faisant passer ses assemblées pour des rendez-vous de mutins & de séditieux, qui ne cherchoient qu'à bouleverser l'Etat, pour s'en rendre les maistres. Ces calomnies gagnent facilement créance dans l'esprit du peuple toûjours injuste & soupçonneux, & toûjours prest à se porter aux plus grandes extrémitez contre les sages, qu'il regarde comme des pédagogues qui le gesnent & qui le combattent. Pythagore son bienfaicteur, est déja regardé comme un ennemi public. Un jour que tous ses disciples étoient assemblez avec luy dans la maison de Milon à Crotone, Cylon y alla accompagné d'une foule de scélerats, & d'un grand nombre de ses amis dévoüez à son ressentiment. Ils environnérent la maison, & y mirent le feu. Il n'échappa de cet embrasement que Pythagore, Lysis, & Archippe. Celuy-cy se retira à Tarente qui étoit sa patrie, & Lysis passa dans le Péloponése, où il demeura assez long-temps, & il alla ensuite à Thebés, où il fut précepteur d'Epaminondas.

Pour Pythagore, il prit le chemin de Locrés. Les Locriens avertis qu'il alloit chés eux, & craignant l'inimitié de Cylon, & le sort de Crotone, envoyerent au devant de luy leurs principaux Magistrats, pour le prier de vouloir se retirer ailleurs, & pour luy offrir tout ce dont il auroit besoin dans son voyage. Il passa à Tarente, & bientoſt une nouvelle perſecution l'obligea d'en ſortir. Il ſe retira à Métapont; mais la ſédition de Crotone avoit été comme le ſignal d'un ſoulévement general contre les Pythagoriciens. Ce feu gagna toutes les villes de la grande Gréce. Les écholes de Pythagore y furent détruites, & Pythagore luy-meſme âgé de quatre-vingts, ou quatre-vingts-dix ans, fut tué dans l'émeute de Métapont, ou ſelon d'autres, il mourut de faim dans le Temple des Muſes où il s'étoit refugié. Etrange fatalité! celuy qui avoit appaiſé tant de guerres, calmé tant de ſéditions, & éteint le flambeau de la diſcorde dans tant de familles, périt dans une ſédition excitée contre luy, & qui le pourſuit de ville en ville, pour ſervir le reſſentiment injuſte d'un particulier; & la plus part de ſes diſciples ſont enveloppez dans ſa ruïne. Socrate a fort bien marqué le caractére du peuple, quand il a dit, qu'il tuë ſans raiſon, & qu'il voudroit enſuite faire revivre de meſme, s'il étoit poſſible. Les meſmes villes qui avoient tant perfecuté Pythagore, & où fes difciples & luy avoient été les victimes de leur fureur, furent celles qui demeurerent le plus attachées à fa doctrine, qui fuivirent le plus éxactement fes loix, & qui refpectérent le plus fa mémoire.

Voila tout ce que j'ay pû recueillir de plus certain fur les circonftances de la vie & de la mort de Pythagore, & fur l'origine de fes opinions. Sa doctrine ne fe renferma pas dans les bornes trop étroites de la grande Gréce, & de la Sicile, elle fe répandit dans toute la Gréce, & dans l'Afie. Les Romains ouvrirent les oreilles à fes doctes enfeignemens ; & l'admiration qu'ils eurent pour luy fut fi grande, que long-temps aprés fa mort, ayant receu un oracle qui leur ordonnoit d'ériger des ftatuës au plus fage, & au plus vaillant des Grecs, ils firent élever dans la place deux ftatuës de bronze, l'une à Alcibiade comme au plus vaillant, & l'autre à Pythagore comme au plus fage. S'il faut donc mésurer la gloire d'un Philosophe à la durée de ses dogmes, & à l'étenduë des lieux où ils ont pénétré, rien n'égale celle de Pythagore, puisque la pluspart de ses opinions sont encore suivies à la lettre dans la plus grande partie du monde entier. Mais ce n'est pas là ce qui luy fait le plus d'honneur; ce qui est infiniment plus glorieux pour luy, c'est que les deux plus grands genies que la Gréce ait produits, Socrate & Platon ont suivi sa doctrine & sa maniére de l'expliquer, & que ce n'est qu'en marchant sur ses traces, qu'ils ont porté le flambeau de la vérité si loin, & ont approché de si prés la véritable sagesse, qu'on croiroit qu'ils l'auroient certainement trouvée, si on ne sçavoit que les gentils ne pouvoient que la chercher.

L'échole de Pythagore subsista jusques vers la fin du régne d'Alexandre le Grand. Vers ces temps là l'Accadémie & le Lycée achevérent d'obscurcir & d'absorber la secte Italique qui s'étoit soustenuë jusqu'alors avec tant d'éclat, qu'Isocrate écrit, *Nous admirons plus aujourd'huy un Pythagoricien, quand il se tait, que les autres, mesme les plus éloquents, quand ils parlent.* Dans la suite des temps, on ne laissa pas de voir des disciples de Pythagore, mais ce n'étoient que des particuliers qui ne faisoient plus de corps, & il n'y eut plus d'échole publique. On trouve encore une lettre de Pythagore à Hieron tyran de Syracuse, mais cette lettre est supposée, Pythagore étoit mort avant la naissance d'Hieron.

LES SYMBOLES DE PYTHAGORE,

avec leur explication.

JE ne repéteray point icy ce qui a été dit des symboles, & de leur origine dans la vie de Pythagore. Les symboles sont des sentences courtes, & comme des Enigmes, qui sous l'enveloppe de termes simples & naturels, présentent à l'esprit des véritez analogiques qu'on veut luy enseigner. Ces sortes de symboles furent comme le berceau de la Morale; car n'ayant besoin, non plus que les proverbes, ni de définition, ni de raisonnement, & allant droit à inculquer le précepte, ils étoient trés-propres à instruire les hommes dans un temps, sur tout, où la Morale n'étoit pas encore traitée méthodiquement. Voila pourquoy ils étoient si fort en usage, non seulement en Egypte, mais en Judée & en Arabie, comme nous le voyons par les Proverbes de Salomon qui en sont remplis; par l'histoire de la Reyne de Saba qui alla éprouver la sagesse de ce Prince par ces sortes d'énigmes; & par l'histoire de Samson : & ils convenoient encore plus à Pythagore, qui à l'éxemple des Egyptiens cherchoit à enseigner sa doctrine sans la divulguer, & sans la cacher.

I.

Ζυγὸν μὴ ὑπερβαίνειν.

Ne passez pas la balance. *Jugum ne transilias.* Plutarque & saint Jerosme l'expliquent; *ne violez pas la justice.* Athenée & saint Cyrille ; *n'écoutez point l'avarice.* Cela revient au mesme sens; car de l'avarice vient l'injustice.

II.

Χοίνικι μὴ ἐπικαθίσαι.

Ne vous asseïez point sur le boisfeau. *In chœnice ne sedeto.* Ce symbole a été expliqué fort diversement; mais le sens le plus naturel à mon avis, c'est celuy qui exhorte les hommes à travailler tous les jours pour gagner leur vie; car celuy qui ne travaille point ne doit point manger. Le boisseau, *chœnix*, étoit la mesure de bled que l'on donnoit à chaque esclave pour sa nourriture.

III.

Στέφανον μὴ τίλλειν.

Ne déchirez point la couronne. *Coronam ne vellito.* Ce symbole peut estre expliqué de plusieurs maniéres: Je trouve au moins qu'il peut avoir trois sens: Le prémier, *qu'il ne faut pas corrompre la joye de la table par les inquiétudes & par les chagrins;* car dans les festins c'étoit la coustume de porter des couronnes de fleurs. Le second est, *qu'il ne faut pas violer les loix de la patrie;* car les loix sont la couronne des villes; & c'est le sens que saint Jerosme a suivi, *Coronam minime carpendam, id est, leges urbium conservandas.* Et le troisiéme, qu'il ne faut point médire du Prince, & déchirer sa réputation. Ce qui est conforme à ce mot de Salomon dans l'Eclesiaste ; *In cogitatione tua regi ne detrahas.*

IV.

Μὴ ἐσθίειν τὴν καρδίαν.

Ne rongez point le cœur : *Cor non comedendum.* Pour dire, qu'il ne faut pas s'affliger soy-mesme, & se consumer par le chagrin, en se livrant à une noire mélancholie ; comme Bellerophon, dont Homére a dit, ὃν θυμὸν κατέδων, *Ipse suum cor edens* ; & il semble que c'est sur luy que ce précepte a été fait.

V.

Πῦρ μαχαίρᾳ μὴ σαλεύειν.

N'attisez point le feu avec le glaive : *Ignem gladio ne scalpas.* C'est à dire, qu'il ne faut pas exciter ceux qui sont déja assez irritez.

VI.

Μὴ ἐπιστρέφεσθαι ἐπὶ τοὺς ὅρους ἐλ-
θόντας.

Quand vous estes arrivé sur les frontiéres, ne desirez point de vous en retourner : *Non revertendum cum ad terminos perveneris.* Pour dire, Quand vous estes arrivé à la fin de vostre vie, ne reculez point, ne craignez point la mort, & ne desirez pas de vivre.

VII.

Λεωφόρου μὴ βαδίζειν.

Ne marchez point par le chemin public : *Per viam publicam ne vadas.* Pour dire, *qu'il ne faut pas suivre les opinions du peuple, mais les sentimens des Sages.* Ce symbole s'accorde avec le précepte de l'Evangile, d'éviter la voye spatieuse & large.

VIII.

Ὁμωροφίους χελιδῶνας μὴ ἔχειν.

Ne recevez pas sous votre toict les hyrondeles : *Domesticas hirundines* ne habeto. Pour dire, *ne recevez pas chés vous les grands parleurs.*

IX.

Ἐν δακτυλίῳ εἰκόνα θεοῦ μὴ περιφέρειν.

Ne portez point l'image de Dieu fur votre anneau : *In annulo Dei imaginem ne circumferto.* Pour dire, qu'il ne faut pas profaner le nom de Dieu en en parlant à tout propos, & devant tout le monde.

Peut-eftre auffi que Pythagore deffendoit de porter l'image de Dieu fur fon anneau, de peur que parmi les actions profanes, dont la vie civile eft compofée, il ne s'en trouvaft quelqu'une qui bleffaft la majefté de cette Image : & ce qui me perfuade que c'eft le véritable fens, c'eft ce qu'ont fait quelques Empereurs qui ont voulu s'égaler à Dieu. Nous lifons dans Seneque & dans Suetone, que du temps de Tibere, c'étoit un crime capital de porter dans un lieu deshonnefte l'image de ce Prince gravée fur un anneau, ou fur une piéce de monnoye. Philoftrate rapporte mefme, & M. Spanheim l'a remarqué le prémier, que dans une ville de Pamphilie, un homme fut condamné comme criminel de Leze-Majefté divine, pour avoir battu un efclave qui fe trouva avoir fur luy une drachme d'argent où étoit empreinte la tefte de Tibére. Caracalla imita ce deteftable orgueil; car Dion nous apprend qu'il condamna au dernier fupplice un jeune homme de l'ordre des Chevaliers, pour avoir été dans un vilain lieu, ayant dans fa poche une piéce de monnoye où la tefte de ce Prince étoit gravée.

X.

Φορτίον μὴ συγκαθαιρεῖν, συναναπθέναι δέ.

Aydez aux hommes à fe charger, & non pas à fe décharger : *Hominibus onus fimul imponendum, non detrahendum.* Pour dire, *qu'il ne faut pas ayder les hommes à vivre dans la pareffe & dans la molleffe ; mais les porter à paffer leur vie dans les tra-*

vaux & dans les exercices de la vertu, & leur imposer des régles plus laborieuses & plus pénibles à mesure qu'ils avancent dans les voyes de la perfection. C'est le sens que saint Jerosme a donné à ce symbole dans son apologie. *Oneratis supponendum onus, deponentibus non communicandum, id est ad virtutem incedentibus augenda præcepta, tradentes se otio relinquendos.*

XI.

Μὴ ῥαδίως παντὶ ἐμβάλλειν δεξιάν.

Ne touchez point facilement dans la main : *Ne cuiquam dexteram facile porrigito.* Pour dire, *ne faites pas facilement amitié & alliance avec toute sorte de personnes;* ou pluftoft, *ne cautionnez pour personne,* comme Salomon dit, *Fili mi si spoponderis pro amico tuo, defixisti apud extraneum manum tuam. Stultus homo plaudet manibus cum spoponderit pro amico suo.*

Prov. vi. 1. & 12.

Prov. 17. 18.

XII.

Χύτρας ἴχνος συγχεῖν ἐν τῇ τέφρᾳ.

Effacez de dessus la cendre jusqu'aux moindres traces du pot: *Ollæ vestigium in cinere confundito*. Pour dire, *après la reconciliation faite, ne conservez aucune trace, aucun vestige de votre quérelle, de votre ressentiment.*

XIII.

Μαλάχην σπείρειν, ἐσθίειν δὲ μή.

Semez la mauve, mais ne la mangez pas: *Herbam molochen serito, ne tamen mandito*. Pour dire, *ayez de la douceur pour les autres, jamais pour vous: pardonnez tout aux autres, & ne vous pardonnez rien.*

XIV.

Δαδίου θᾶκον μὴ ἀπόμασσε.

N'effacez point la place du flambeau: *Faculæ sedem ne extergito*. Pour dire, *ne laissez pas éteindre en vous toutes les lumières de la raison, & laissez au moins la place du flam-*

beau qui vous a éclairé, afin qu'il puisse vous éclairer encore.

XV.

Μὴ φορεῖν στενὸν δακτύλιον.

Ne portez pas un anneau étroit: *Angustum annulum ne gestato.* Pour dire, *menez une vie libre, & ne vous jettez pas vous mesme dans les fers,* comme font la plufpart des hommes qui courent à la fervitude, & fouvent par vanité.

XVI.

Γαμψώνυχα μὴ τρέφειν.

Ne nourriffez point les animaux qui ont les ongles crochus : *Animalia unguicurvia ne nutrito.* Pour dire, ne fouffrez pas dans votre maifon des gens qui ne font pas fidéles, des voleurs.

XVII.

Κυάμων ἀπέχεσθαι.

Abftenez-vous des féves : *A fabis abftineto.* Pour dire, abftenez-vous de tout ce qui peut nuire à votre fanté, à votre repos, ou à votre reputation. *Ce symbole a été expliqué dans la vie de Pythagore.*

XVIII.

Μὴ γεύεσθαι μελανούρων.

Ne mangez pas des poissons qui ont la queuë noire : *Melanuros ne gustato.* Pour dire, *ne fréquentez point des hommes diffamez, & perdus de réputation pour leur méchante vie.*

XIX.

Ἐρυθῖνον μὴ ἐσθίειν.

Ne mangez pas le rouget : *Ne erythinum edito.* Pour dire, *renoncez à toute sorte de vengeance, & ne versez point le sang ; car le sang est designé par le rouget.*

XX.

Μήτραν ζώου μὴ ἐσθίειν.

Ne mangez point la matrice de l'animal : *Animalis vulvam ne comedito.* Pour dire, *separez-vous de tout ce qui est mortel & corruptible, & renoncez à tout ce qui porte à la generation, & qui vous attache à ce monde visible.*

XXI.

Θνησιμαίων ἀπέχεσθαι.

Abſtenez-vous de la chair des beſtes mortes : *A morticinis abſtineto.* C'eſt pour dire, *ne participez point aux chairs profanes des animaux qui ne ſont pas propres aux ſacrifices, & renoncez à toutes les œuvres mortes.*

XXII.

Ζώων ἀπέχεσθαι.

Abſtenez-vous de manger les animaux : *Ab animalibus abſtineto.* Pour dire, *n'ayez aucun commerce avec les hommes ſans raiſon.*

XXIII.

Τὸν ἅλα παρατίθεσθαι.

Mettez toûjours le ſel ſur votre table : *Salem apponito.* C'eſt à dire, *ne perdez jamais de veuë la juſtice, & pratiquez-la toûjours.*

<small>Ce ſymbole a été expliqué plus au long dans la vie de Pythagore.</small>

XXIV.

Ἄρτον μὴ καταγνύειν.

Ne rompez pas le pain : *Panem ne*

frangito. Ce symbole a été expliqué fort diversement; les uns ont dit que Pythagore ordonne par là de ne pas déchirer sa vie, en l'occupant à beaucoup de choses qui ne tendent pas à mesme fin ; les autres qu'il exhorte à l'union & à la concorde : mais dans l'explication des symboles, il faut que le sens propre & le sens figuré conviennent ensemble ; le pain est fait pour estre rompu.

Je suis persuadé que par ce précepte, Pythagore veut corriger l'avarice qui ne régne que trop dans la plufpart des charitez que les hommes font. Anciennement on faisoit le pain de maniére qu'il étoit partagé en quatre par des lignes qu'on tiroit dessus en le mettant cuire ; c'est pourquoy les Grecs l'appelloient τετράλιφον, & les Romains, *quadram*. Quand il se présentoit un pauvre, on rompoit le pain, & on donnoit ordinairement une de ces quatre parties, ou quelquefois la moitié, comme on le voit dans Horace,

Ep. 17. liv. 1.

Et mihi dividuo findetur munere quadra.

Pour couper donc la racine à l'avarice, Pythagore exhortoit par ce Symbole à ne pas rompre le pain pour n'en donner que la moitié, & à le donner plustost tout entier, sans ménagement; c'est ainsi que Salomon dit dans l'Ecclesiaste, *Mitte panem tuum super transeuntes aquas. Jettez votre pain sur les eaux courantes.* Pour dire, donnez à tous les pauvres sans distinction. Je sçay bien qu'Esaïe dit, *Frange esurienti panem tuum: rompez votre pain à celuy qui a faim;* ce qui paroist d'abord contraire au precepte de Pythagore. Mais Isaïe, en disant *votre pain,* veut peut-estre dire, le pain qui est nécessaire à votre nourriture; car alors on est pardonnable de le partager, & de ne pas le donner entier.

xi. 1.

Chap. lviii. 7.

XXV.

Ἐλαίῳ εἰς θᾶκον μὴ ὀμόργνυσθαι.

Ne repandez point l'huile sur le siége: *Sedem oleo ne abstergito.* Je croy qu'icy le mot de *siége,* signifie le trosne des princes, & les siéges des

Magistrats, & le mot d'*huile*, signifie les essences, les parfums qui sont ordinairement pris pour les loüanges, les flateries.

Pythagore exhorte donc par ce symbole, à ne pas loüer les Princes & les Grands du monde, parce qu'ils sont puissants, & qu'ils occupent de grands postes. Il ne faut loüer que la vertu. Peut-estre que par ce symbole Pythagore a fait allusion à l'histoire de Jacob, qui aprés la vision de l'échelle mystérieuse, prit à son reveil la pierre qui luy avoit servi de chevet, l'éleva comme un titre du vœu qu'il faisoit, & y versa de l'huile, *& erexit in titulum fundens oleum desuper;* & que ce Philosophe a voulu dire, *qu'il ne faut pas rendre aux Princes les honneurs qui ne sont dûs qu'à Dieu.*

XXVI.

Σιτὸν εἰς ἀμίδα μὴ ἐμβάλλειν.

Ne jettez pas la nourriture dans un vaisseau impur : *Ne cibum in matellam injicito.* C'est pour dire, *qu'il ne faut pas mettre les bons préceptes* dans une méchante ame ; car elle ne fait qu'en abuser, & les corrompre. Le mot ἀμίς, *matella*, signifie, *un pot de chambre.* Et par ce mot, Pythagore designe les hommes vicieux & corrompus, dont la perte est seure. les Hebreux les designoient de mesme par les vaisseaux à deshonneur, comme nous le voyons par saint Paul. Rom. IX. 12.

XXVII.

Ἀλεκτρυόνα τρέφε μὲν, μὴ θύε δὲ,
μήνη γὰρ καὶ ἡλίῳ καθιέρωται.

Nourrissez le coq, & ne l'immolez point ; car il est consacré au Soleil & à la Lune : *Gallum nutrito, nec sacrificato ; Lunæ enim & soli sacer est.* Le coq a toûjours été l'embléme de ceux qui veillent pour nous, qui nous avertissent, & qui nous éveillent, pour nous faire remplir nos devoirs, & vacquer à nos occupations ordinaires, pendant le cours de cette vie mortelle.

Pythagore a donc voulu dire par ce symbole, qu'il faut nourrir des gens si utiles, & ne pas les immoler à la haine & au ressentiment qu'inspire quelquefois la liberté qu'ils prennent, & qu'ils ne prennent que pour notre bien. Les Crotoniates, & ceux de Metapont n'obéïrent point à ce symbole; car ils immolérent le coq, ils tuérent Pythagore. Les Athéniens n'en profitérent pas non plus; car ils immolérent Socrate qui les tenoit si bien éveillez.

XXVIII.

Ὀδόντας μὴ καταγνύειν.

Ne brisez point les dents : *Dentes ne frangito*. Les Grecs ont dit, *briser les dents*, dans le mesme sens que les Latins, *Genuinum frangere*, & *dentem rodere*, pour dire, *semer des médisances, faire des satyres*. Et c'est ce que Pythagore deffend par ce symbole.

XXIX.

Τὴν ὀξίδα ἀποςρέφειν ἀπὸ σαυτῶ.

Eloignez de vous le vinaigrier: *Acetarium vas abs te removeto*. Le sens

sens de ce symbole est le mesme que celuy du precedent; car *le vinaigre* a toûjours été pris pour le fiel de la satyre; c'est pourquoy Horace a dit, *Italo perfusus aceto*. Pythagore nous exhorte par ce symbole à éloigner de nous toute sorte d'aigreur, & tous les termes piquants dont ont aiguisé les railleries.

XXX.

Ἀποκαρμάτων σῶν καὶ ἀπονυχισμάτων καταπτύε.

Crachez contre les rognures de vos ongles & de vos cheveux : *Capillorum & unguium tuorum præsegmina conspuito.*

Lorsqu'un Hébreu avoit pris à la guerre une femme étrangére, & qu'il vouloit l'épouser, il luy étoit ordonné de luy couper les ongles & les cheveux, & de la faire changer d'habit, aprés quoy elle étoit comme une nouvelle créature ; *radet cæsariem, & circumcidet ungues, & deponet vestem in qua capta est.* De là les rognures des ongles & des cheveux ont été prises pour les

Deut. xvi. 12. 13.

souillûres & les œuvres mortes du vieil homme. Pythagore nous exhorte donc par ce symbole, à maudire nos premiéres affections, & à avoir pour elles une horreur qui nous empesche d'y retomber.

XXXI.

Πρὸς ἥλιον τετραμμένος μὴ ὄυρει.

Ne faites pas de l'eau à la face du Soleil : *Contra Solem ne meito.*

La nature, en formant l'homme, n'a point exposé à la veuë les parties qu'il n'est pas honneste de nommer, & par où le corps se purge ; mais pour me servir des termes de Xenophon, elle a caché & détourné ces égouts le plus loin qu'il luy a été possible, afin que la beauté de l'animal n'en fust pas souillée. Dans les actions donc qu'éxigent les nécessitez du corps, il faut imiter la modestie de cette mére commune, & ne faire jamais à la face du Soleil, c'est à dire, en public, les choses qui ne doivent estre faites qu'en secret, & qui blesseroient la pudeur, si elles étoient faites devant tout le monde. C'est à mon avis le seul véritable sens de ce symbole qu'Erasme a voulu rapporter à la magie contre toute sorte de raison : & ce qui le prouve, c'est que ce symbole est tiré du précepte d'Hesiode, qui deffendoit aux hommes de faire de l'eau de-bout en plein jour.

Μηδ' ἀντ' ἠλίοιο πετραμμένος ὀρθὸς ὀμιχεῖν.

Il vouloit que l'on se baissast comme faisoient les Egyptiens, selon la remarque d'Herodote, qui dit qu'en Egypte les femmes faisoient de l'eau debout, & les hommes assis. Il paroist mesme que c'étoit la coustume des Hébreux ; car ils disoient *couvrir les pieds, pedes tegere*, pour dire, *vesicam & alvum exonerare*. Et c'est de là à mon avis, qu'on doit tirer l'explication de ce passage d'Isaïe 36. 12. *Ut comedant stercora sua, & bibant urinam pedum suorum*, & qu'ils boivent l'urine de leurs pieds ; c'est à dire, l'urine qu'ils font en couvrant leurs pieds. Pythagore avoit tant de soin de la pudeur dans les nécessitez de la nature, que les historiens de sa vie remarquent, que jamais personne ne l'avoit vû en cet état, Οὐδέ πώποτε ἐγνώσθη οὔτε διαχωρῶν, *Nemo eum unquam vidit alvum exonerantem.* L'interprete Latin avoit traduit, *personne ne le vit jamais voyager.* Voila un miracle bien surprénant, que personne n'eust jamais vû voyager un homme qui avoit été en Italie, en Sicile, en Egypte, en Perse, & qui avoit passé la plus grande partie de sa vie en *perégrinations.*

XXXII.

Πρὸς τὸν ἥλιον τετραμμιμένος μὴ λαλεῖ.

Ne parlez point à la face du Soleil: *Ad Solem versus ne loquitor.* C'est pour dire, *qu'il ne faut pas découvrir les sentiments de son cœur en public, & devant tout le monde.*

XXXIII.

Μὴ δεῖ καθεύδειν ἐν μεσημβρίᾳ.

Il ne faut pas dormir à midy : *In meridie ue dormito.*

Il n'y a point d'état plus malheureux, que celuy de ne pas voir le Soleil quand il est le plus fort & dans son plus haut période. C'est de cet état déplorable que parle Isaïe, quand il dit *impegimus meridie quasi in tenebris*. Pythagore tache de prévenir cet aveuglement par ce symbole, en disant, que lorsque la lumiére est à son plus haut point, il n'est plus permis de dormir ; c'est à dire, de demeurer dans les ténébres, & de faire des œuvres de ténébres.

XXXIV.

Στρωμάτων ἀναστὰς συντάρασσε αὐτᾶ, καὶ τὸν τύπον συντόρωνε.

Brouïllez le lit dés que vous estes levé, & n'y laissez aucune marque de votre corps : *Surgens e lecto, stragula conturbato, vestigiumque corporis confundito.*

Plutarque dans le VIII. livre de ses propos de table, explique ce symbole de l'honnesteté, & de la pudeur, qui doivent estre inséparables de la couche nuptiale. C'est ainsi que dans les nuées d'Aristophane la Justice pour loüer la bonne discipline qui régnoit à Athénes dans ces prémiers temps où elle étoit honorée & respectée, dit, que les jeunes gens étoient si bien élevez, qu'à l'école on n'en voyoit pas un seul qui eust osé commettre la moindre immodestie, ni découvrir le moins du monde ce que la modestie ordonne de cacher; & qu'ils étoient si scrupuleux sur tout ce qui regarde la pudeur, qu'en se levant de leur place, ils n'oublioient jamais d'égaler, & d'unir l'endroit où ils étoient assis; afin qu'il ne restast sur le sable aucun vestige des parties du corps. D'autres l'expliquent simplement, comme si Pythagore disoit, *Faites votre lit dés que vous estes levé, afin que vous ne soyez pas tenté de vous y coucher pendant le jour;* car le jour est destiné au travail, comme la nuit au repos.

On pourroit croire aussi qu'il a voulu nous avertir, que quand nous sommes levez nous ne devons pas permettre que rien nous fasse souvenir de ce qui s'est passé la nuit; la nuit est passée, le jour est venu, il ne faut donc plus penser aux tenébres, mais à la lumiére.

XXXV.

Ω'δαῖς χρῆϑαι πϱὸς λύϱαν.

Ne chantez que sur la Lyre : *Carminibus utendum ad Lyram.*

Nous avons vû dans la Vie de Pythagore, que ce Philosophe rejettoit les flustes, & autres instruments de musique, comme contraires aux mœurs, & qu'il ne retenoit que la Lyre; parce qu'en joüant de la Lyre on peut chanter les bienfaits des Dieux, & les vertus des grands hommes. Quand il dit donc, qu'il ne faut chanter que sur la Lyre, il veut inspirer à ses disciples, qu'ils doivent ne s'entretenir que de choses grandes & sérieuses; & ne faire le sujet de leurs discours, dans le temps mesme de leur recréation, que des loüanges des Dieux, & des éloges des Héros. D'ailleurs, comme rien ne fait tant sentir le défaut d'une voix peu juste, qu'un instrument bien d'accord; & le défaut d'un instrument discord, qu'une voix fort juste; Pythagore a pû exhorter par là ses disciples à faire de leur vie un tout bien sage, bien uni, & dont aucun vice, aucune passion ne troublast & ne dérangeast l'harmonie.

XXXVI.

Τὰ ϛρώματ' ἀεὶ συνδεδεμένα ἔχειν.

Tenez vos paquets toûjours prests: *Stragula semper convoluta habeto.* C'est pour dire, *qu'il faut estre préparé à tout ce que la fortune voudra ordonner de nous; & n'avoir rien qui nous retarde quand notre derniére heure sonne.*

XXXVII.

Ἄνευ προϛάγματος τῶ αὐτοκράτορος ἐκ τῆς φρουρᾶς μὴ ἀναχωρεῖν.

Ne quittez point votre poste sans l'ordre de votre Général: *Injussu Imperatoris de statione & præsidio ne decedas.*

Les Payens n'ont pas plustost commencé à philosopher, c'est à dire, à se servir de leur raison, qu'ils ont connu l'injustice affreuse qu'il y avoit à se tuër soy-mesme. Nous ne nous sommes pas créez, c'est Dieu qui nous a créez, & qui nous a mis dans cette vie, comme dans un poste. Nous ne devons donc jamais le quitter que par l'ordre de celuy qui nous y a mis. Philolaus, disciple de Pythagore, en avoit fait une démonstration, dont on peut voir l'abbregé dans le traité de Platon de l'immortalité de l'ame, tom. 11. page 164. de la seconde édition.

XXXVIII.

Ἐν ὁδῷ μὴ σχίζειν ξύλα.

Ne coupez point du bois dans le chemin : *In via ne ligna cædito.*

Ce symbole renferme un précepte bien important, & que les hommes sont bien sujets à violer ; c'est de ne jamais convertir à son usage particulier ce qui est pour la commodité publique. Vous allez dans un chemin, n'y coupez pas, n'y ébranchez pas les arbres qui doivent servir, & donner de l'ombre à ceux qui passeront aprés vous. Vous habitez une maison que doivent occuper ceux qui rempliront aprés vous le mesme employ, ne la dégradez point : En un mot, ne prenez que l'usage de ce dont vous n'avez pas la propriété.

Ce symbole peut encore avoir un autre sens qui n'est ni moins important, ni moins profond que le premier. Les Hébreux regardoient comme la derniére misére, & la derniére bassesse d'estre reduits à couper du bois, & à porter de l'eau : & c'étoit l'état où on reduisoit les prisonniers que l'on avoit faits à la guerre; comme Josué fit aux Gabaonites qui l'avoient trompé, & ausquels il prononça cette terrible malediction : *Non deficiet de stirpe vestra ligna cædens, aquasque comportans.* Les Grecs avoient imité cela des Hebreux : Pythagore dit donc que dans le cours de cette vie nous ne devons pas nous rabaisser à des fonctions indignes de notre condition, & faire le métier des plus vils esclaves. Or tout ce qui ne répond pas à la noblesse de notre essence, nous ravale & nous avilit. C'est *couper du bois*, que d'avoir des pensées basses, & que d'estre l'esclave de ses passions.

Jos. ix. 23.

Je ne dois pas oublier qu'Iamblique rapporte ce symbole un peu différemment, ἐν ὁδῷ μὴ σχίζε, *ne fendez, ne divisez point dans le chemin* ; & qu'il en donne une explication bi n différente. Il dit que la vérité est une, & que le mensonge est divers ; & que dans le cours de cette vie, il ne faut point *diviser*, c'est à dire, qu'il ne faut pas se séparer de la vérité, & faire un schisme qui est toûjours une marque de fausseté.

XXXIX.

Τὸ ἑφθὸν οὐκ ἐποπλᾶν.

Ne rostissez point ce qui est boüilli : *Quod elixum est ne assato.*

Comme je méditois sur le sens de ce symbole, j'en ay heureusement trouvé l'explication dans Athenée : voicy ses paroles ; *Quand les Athéniens sacrifient aux Saisons, ils font boüillir, & non pas rostir les viandes qu'ils offrent ; pour prier par là ces Déesses d'éloigner les chaleurs étouffantes, & la sécheresse, & de nourrir les fruits de la terre par des chaleurs modérées,*

Liv. xiv. 20.

& par des pluyes favorables qui viennent dans le temps ; car cette coction douce & humide fait de trés-grands biens. Elle n'emporte pas seulement la crudité, mais elle adoucit la dureté, & meurit toutes choses. D'ailleurs elle cuit & prépare l'aliment, & le rend plus doux & plus sain ; c'est pourquoy on a dit en proverbe, qu'il ne faut pas rostir ce qui est boüilli.

Athenée rapporte ce symbole de Pythagore, comme un proverbe qui étoit dans la bouche de tout le monde, & par lequel on vouloit faire entendre, que quand on avoit ce qui suffisoit pour la santé, il ne falloit pas chercher d'autre ragoust par delicatesse.

On peut donner aussi à ce symbole un sens plus relevé. Ce qui est boüilli peut estre regardé comme l'embléme de la bénignité & de la douceur ; & ce qui est rosti, comme l'embéeme de la colére & de la sécheresse. Pythagore exhorte donc ses disciples à ne prendre jamais en mauvaise part ce qui est fait dans la simplicité & dans l'innocence, & à n'aigrir jamais les esprits.

XL.

Ὀξεῖαν μαχαίραν ἀποςρέφειν.

Détournez de vous le glaive affilé : *Gladium acutum avertito.* C'est pour dire, qu'on ne doit avoir aucun commerce avec les médisants ; car le glaive aigu a toûjours été l'embléme des langues satyriques & médisantes, comme on le voit dans les Pseaumes de David, qui dit, *Lingua eorum quasi gladius acutus :* & ailleurs, *exacuerunt quasi gladium linguas suas : Leur langue est comme un glaive aigu :* & *Ils ont aiguisé leur langue comme un glaive.*

XLI.

Τὰ πίπτοντα ἀπὸ τῆς τραπέζης μὴ ἀναιρεῖσθαι.

Ne ramassez point ce qui est tombé de la table : *Quæ ceciderunt e mensa, ne tollito.*

Ce symbole, comme le XXIV. est pour exhorter les hommes à la charirité. La table étoit sacrée, & on ne pouvoit y remettre ce qui en étoit tombé, il étoit consacré aux Héros, c'est à dire aux Anges, & il falloit le laisser pour les pauvres. Ce qui tomboit de la table, étoit parmi les Grecs, comme parmi les Hebreux les épics qui avoient échappé à la main des moissonneurs, & qu'il n'étoit pas permis au maistre de ramasser; car Dieu l'avoit deffendu. *Cum messueris segetem terræ tuæ non tondebis usque ad solum superficiem terræ, nec remanentes spicas colliges.*

XLII.

Ἀπέχου καὶ περὶ κυπαρισσίνης.

Abstenez-vous mesme du coffre de cyprés : *Ab arca cyparissina abstineto.*

Il semble que par ce symbole Pythagore ait voulu exhorter les hommes à ne faire pas tant de dépense pour les funérailles. Les riches se faisoient enterrer dans des cerceuils de cyprés, parce que le cyprés a la vertu de conserver les corps. Avant Pythagore, Solon avoit travaillé à modérer la dépense des enterremens ; & aprés luy, Platon eut le mesme soin ; car on voit que dans le XII. livre des Loix il régle cette dépense à un trés-bas pied, puisqu'il deffend que les plus riches employent plus de cinq mines, c'est à dire, plus de cinquante écus à leurs funérailles : & c'est ce que la loy des XII. tables avoit aussi réglé pour les Romains : *Rogum ascia ne polito.*

On pourroit croire aussi que ce Philosophe a voulu détourner ses disciples d'aller aux funérailles, & que c'est le mesme précepte que celuy que Dieu donne aux Nazaréens. *Omni tempore consecrationis suæ super mortuum non ingredietur.*

XLIII.

Τοῖς μὲν οὐρανίοις περισσὰ θύειν, ἄρτια δὲ τοῖς χθονίοις.

Sacrifiez en nombre impair aux Dieux célestes ; & en nombre pair aux Dieux infernaux : *Cælestibus imparia sacrificato, inferis vero paria.*

Le nombre impair est le plus parfait, & le symbole de la concorde, ne pouvant estre partagé, au lieu que le nombre pair peut estre partagé, à cause de l'égalité de ses parties ; c'est pourquoy il est le symbole de la division. De là vient que Dieu le Pére & créateur de toutes choses étoit désigné dans la doctrine de Pythagore par l'unité, & la matiére par le deux. De là il est aisé de conjecturer le sens caché de ce symbole. Je croy donc que Pythagore a voulu dire, qu'aux Dieux infernaux, comme étant plus corporels, & plus terrestres, on pouvoit offrir des sacrifices matériels qui peuvent estre partagez, & qui par cette raison sont désignez par le nombre pair, & qu'aux Dieux célestes il ne faut offrir que ce qui est indivisible ; l'ame, ou l'esprit désigné par le nombre impair, comme l'estre dont il tire son origine.

XLIV.

Μὴ σπένδειν θεοῖς ἐξ ἀμπέλων ἀτμήτω.

N'offrez point aux Dieux du vin

de vigne non taillée: *Ex imputatis vitibus ne Diis libato.*

Le traducteur Latin de Plutarque, & aprés luy Amiot, ont crû que par ce symbole Pythagore tendoit à détourner les hommes d'offrir aux Dieux des sacrifices sanglants, & se sont imaginez que ce Philosophe avoit appellé le sang, *du vin de vigne non taillée:* mais cela n'est fondé que sur un texte corrompu, comme je l'ay établi dans mes remarques sur la vie de Numa. Cette figure seroit bien outrée, & bien violente. Il faut donc s'en tenir à l'explication que Plutarque a donnée à ce symbole, en disant que ce Philosophe a voulu recommander l'agriculture comme une grande partie de la piété, en exhortant à n'offrir aux Dieux rien de sauvage, & qui ne vint d'une terre renduë douce & humaine par la culture.

XLV.

Ἄπερ ἀλφίτων μὴ θύειν.

Ne sacrifiez point sans farine: *Ne sine farina sacrificato.*

Les Grecs, avant que d'égorger les victimes, répandoient sur leur teste de la farine d'orge, ou de l'orge avec du sel ; ce qu'ils appelloient οὐλογύτας, Homére, εὐλογύτας προςβάλονθ'. On a donc crû que Pythagore recommandoit par ce symbole de n'offrir jamais de victime sans cet orge sacré. Mais j'ose dire que ce n'est pas le sens de ce précepte ; le but de Pythagore est, de recommander l'agriculture comme dans le symbole precédent, & en mesme temps il veut détourner les hommes des sacrifices sanglans, & leur apprendre, à n'offrir aux Dieux que des gasteaux, ou, s'ils veulent offrir des victimes, à substituer à la place des victimes vivantes, des figures de ces mesmes victimes faites avec de la paste ; comme il l'avoit pratiqué en immolant un bœuf fait de farine, selon la coustume qu'il avoit apprise en Egypte, & dont j'ay parlé dans la Vie de ce Philosophe.

XLVI.

Ἀνυπόδητος θύε καὶ προσκύνει.

Adorez, & sacrifiez nuds pieds : *Nudis pedibus adorato atque sacrificato.*

Pythagore avoit pû apprendre en Egypte l'histoire de Moyse, à qui Dieu dit du milieu du buisson ardent, *Solve calceamentum de pedibus tuis: locus enim in quo stas terra sancta est: Ostez les souliers de vos pieds, car le lieu où vous estes est une terre sainte.* Mais ce Philosophe n'avoit pas pris cet ordre à la lettre : il se contentoit de luy donner un sens figuré : & par ce symbole il exhortoit les hommes à faire leurs priéres & leurs sacrifices avec humilité & simplicité.

XLVII.

Προσκυνεῖν περιστρεφόμενος.

Tournez tout autour de vous en adorant : *Circumactus adora.*

Par ce tournoyement, dit Plutarque dans la vie de Numa, *on veut que Pythagore ait eu dessein d'imiter* le mouvement du monde; mais je croirois pluſtoſt que ce précepte eſt fondé ſur ce que les temples regardant l'Orient, ceux qui y entroient tournoient le dos au ſoleil; & par conſequent étoient obligez, pour ſe tourner de ſon coſté, de faire un demi tour à droite; & pour ſe remettre enſuite en préſence du Dieu, ils achevoient le tour en faiſant leur prière. A moins que ce changement de ſituation ne ſignifie quelque choſe d'approchant des roües Egyptiennes, & que ce ne ſoit pour faire entendre qu'il n'y a rien de ſtable ni de permanent dans ce monde, & que de quelque manière que Dieu tourne & remuë notre vie, il faut luy en rendre graces, & en eſtre contents.

J'ay expliqué ces roües Egyptiennes dans mes remarques ſur cette Vie de Numa, & j'ay fait voir que Plutarque n'a pas touché la véritable raiſon de ce tournoyement que Pythagore ordonne. Il vouloit par là, que l'on adoraſt l'immenſité de Dieu qui remplit l'univers.

XLVIII.

Καθῆσθαι προσκυνήσοντα.

Adorez assis: *Adoraturus sedeto.*

Plutarque a lû autrement ce symbole, καθῆσθαι προσκυνήσαντας, *asseyez-vous aprés avoir adoré.* Et il dit que c'étoit pour l'heureux préſage que les Dieux avoient exaucé les priéres. Mais il en donne une meilleure raiſon dans la ſuite, en diſant, que c'étoit pour nous accouſtumer à ne nous adreſſer jamais aux Dieux quand nous ſommes accablez d'affaires, & que nous ne pouvons les prier qu'à la haſte, & qu'en paſſant; mais lorſque nous en avons le loiſir, & que nous pouvons y employer tout le temps néceſſaire, ſans aucune précipitaation. Il me paroiſt que la leçon de Plutarque n'eſt pas la bonne, & que Pythagore avoit écrit, καθῆσθαι προσκυνήσαντα; *adorez aſſis*, ou *aſſeyez-vous pour adorer*, c'eſt à dire, adorez tranquillement & ſans impatience, avec tout le loiſir que demande une ſi ſainte action. J'ajouſteray à cela une petite remarque qui n'est pas inutile. C'est que du temps d'Homére & de Pythagore, on ne sçavoit ce que c'étoit que d'adorer à genoux; on adoroit ou debout, ou assis.

XLIX.

Παρὰ θυσίαν μὴ ὀνυχίζου.

Ne vous faites pas les ongles pendant le sacrifice : *Ad sacrificia ungues ne præcidito.*

Hesiode avoit dit plus obscurément & plus énigmatiquement,

Μηδ' ἀπὸ πεντόζοιο θεῶν ἐνὶ δαιτὶ θαλείῃ,
Αὖον ἀπὸ χλωροῦ τάμνειν αἴθωνι σιδήρῳ.

Pendant le festin des Dieux, c'est à dire, *pendant le sacrifice, ne retranchez point avec le fer de la partie qui a cinq rameaux,* c'est à dire, *de la main qui a cinq doigts, le sec du vert,* c'est à dire, *le superflu des ongles, præsegmina unguium ;* car ce qu'on coupe des ongles est sec, & le reste est vert, c'est le vif. Mais d'un précepte de superstition, Pythagore en fait un précepte de morale. Le sens de ce symbole est clair; car, c'est pour dire, que pendant qu'on est dans le temple il faut ne penser qu'à Dieu, se tenir dans le respect, & rejetter toutes les pensées basses & indignes de la sainteté du lieu, & de la religion. Iamblique en donne pourtant une autre explication qui me paroist trés-fondée. Il dit que Pythagore a voulu enseigner par là, que quand on fait un sacrifice, il faut y appeller ses parents les plus éloignez, ceux dont on pourroit le plus se passer, & qui sont dans la condition la plus basse & la plus méprisable; car cet acte de religion doit bannir toute pensée d'orgueil, & réünir les familles. On sçait que les sacrifices étoient toûjours suivis d'un festin auquel on prioit les parents & les amis.

L.

Ὅταν βροντᾷ, γῆν θίγειν.

Quand il tonne, touchez la terre :
Cùm tonat terram tangito.

Le tonnérre qui gronde sur nos testes a toûjours été pris pour les signes de la colére de Dieu. Pythagore a donc voulu dire par ce symbole, que quand Dieu donne des marques de sa colére, nous devons tascher de le desarmer par notre humilité.

L I.

Παρὰ λύχνον μὴ ἐνοπτείζου.

Ne vous regardez point au miroir, à la clarté du flambeau : *Ad lucernam faciem in speculo ne contemplator.*

Le Miroir est ordinairement trompeur, & il trompe encore davantage quand on le consulte aux flambeaux; car cette fausse lumiére favorise ses mensonges, les augmente, & sert à les cacher. Pythagore veut donc nous avertir par là, de ne pas contribuer nous-mesmes à nous tromper, en nous regardant dans des objets qui nous fardent, & qui nous déguisent; & il nous ordonne de nous regarder dans la véritable lumiére, qui est la seule où nous puissions nous voir tels que nous sommes véritablement.

Ou peut aussi rapporter ce symbole à la Philosophie, & Iamblique l'a fait; mais son explication est plus obscure que le texte. J'espére qu'on entendra mieux celle-cy. Le miroir est icy la simple apparence des choses de la nature; car le miroir ne represente que la superficie des objets, & le flambeau est l'opinion, l'imagination. Si nous jugeons donc des véritez naturelles sur les premiéres apparences, & que nous ne les regardions qu'à la lumiére de nos opinions, lumière qui est toûjours trés-infidelle, nous ne pouvons que nous tromper. Il faut donc les regarder dans la véritable lumiére, qui est Dieu; car la connoissance de la nature est une suite & une dépendance de la connoissance de Dieu; & c'étoit la doctrine de Pythagore, comme nous le voyons dans les Vers dorez, L. & LI. & dans les commentaires d'Hierocles; & c'est à quoy se rapporte le symbole suivant.

LII.

Ἕν, δύο.

Un, deux : *Unum, duo.*

Par l'unité, Pythagore designoit Dieu créateur de toutes choses, & par le deux, la nature; comme je l'ay expliqué dans la vie de ce Philosophe. Ce symbole signifie la mesme chose que le precédent, qu'il faut connoistre Dieu avant toutes choses, & ensuite la matiére; car comme on ne sçauroit connoistre la nature du deux, si l'on ne connoist auparavant celle de l'un qui l'a créé, de mesme on ne peut connoistre ce monde visible, si l'on ne connoissoit Dieu.

LIII.

Περὶ τίμα τὸ ξῆμα, καὶ βῆμα καὶ τριώ-
βολον.

Honore les marques de la dignité, le Throne, & le Ternaire: *Honorato in primis habitum, Tribunal, & Triobolum.*

Iamblique me paroist s'éloigner beaucoup du véritable sens de ce symbole, quand il dit que Pythagore veut insinuer qu'on doit preférer la secte Italique à la secte Ionique, parce que la doctrine de l'Italique est toute incorporelle, au lieu que celle de l'Ionique est attachée aux corps.

Lilius Giraldus, & d'autres ont crû qu'icy par le Ternaire, Pythagore a voulu marquer la sainte Trinité, dont ils prétendent que le mystére n'étoit pas inconnu à ce Philosophe, non plus qu'à Platon qui semble en avoir parlé dans sa seconde & dans sa sixiéme lettre : mais je suis persuadé qu'ils se trompent. Jamais Pythagore n'a eu la moindre idée de la Trinité, & non seulement il n'a pas entrevû ce mystére, mais encore le systéme de sa doctrine y paroist entiérement opposé ; & c'est de ce systéme qu'on doit tirer l'explication de ce ternaire, telle que je vais la donner. Nous avons vû qu'il a établi trois genres de substances raisonnables, les Dieux immortels, les Héros c'est à dire les Anges, & les hommes morts dans la pratique de la vertu, & que la grace divine a élevez à la gloire, c'est à dire les Saints. Et voila ce qu'il entend icy par le ternaire dans lequel il veut que nous renfermions notre vénération & notre culte, en nous deffendant d'honorer aucune nature inférieure à ces trois là, comme nous l'avons vû dans Hierocles. J'espére qu'on trouvera que c'est le véritable sens de ce symbole; le reste est aisé. Par le Throsne, Pythagore marque les Rois & les Princes, & par les marques de la dignité, il designe tous ceux à qui ces Princes font part de leur autorité. Il veut donc que nous honorions les Rois & les Magistrats, en un mot tous ceux que Dieu a mis au dessus de nous, pour nous gouverner & pour nous conduire.

LIV.

Ἀνέμων πνεόντων τὴν ἠχὼ προσκυνεῖ.

Quand les vents soufflent, adore l'écho : *Flantibus ventis, echo adora.*

J'avouë que je n'entends point l'explication qu'Iamblique a donnée à ce symbole, en disant, *qu'il faut aimer & honorer la ressemblance, l'image des essences & des puissances divines.*

Lilius Giraldus a plus approché de la vérité, quand il a dit que les vents designent icy, *les revoltes, les séditions, les guerres,* & que l'écho est l'embléme des lieux deserts, & que Pythagore, par ce symbole, a voulu exhorter ses disciples à quitter les villes où ils verroient des guerres & des séditions, & à se retirer dans des lieux plus tranquilles, dans des forests, & dans des deserts, où est la retraite d'écho : comme dit Ovide,

Inde latet sylvis, nulloque in monte videtur,
Omnibus auditur.

LV.

Μὴ ἐσθίειν ὑπὸ δίφρου.

Ne mangez pas sur le char : *Ex curru ne comedito.*

C'est ainsi que l'on a traduit ce symbole : Le char marque les voyages & l'action ; car il servoit & à voyager, & à combattre. Pythagore veut donc nous avertir par ce symbole, qu'il n'est pas temps de manger quand il faut agir ; ou bien que dans cette vie, qui est un véritable voyage, il ne faut pas s'imaginer qu'on n'y soit que pour manger & boire, & pour ne penser qu'à ce qui regarde le corps. Voilà l'explication qu'on a donnée à ce symbole ; je n'en suis pas trop content, & jusqu'à ce qu'on trouve mieux, voicy ma conjecture. Le mot Grec δίφρος, ne signifie pas seulement un char, mais un siége, une chaise, *sellam*. Quand Pythagore deffend donc de manger de son siége, il deffend de manger assis, c'est à dire sans travailler.

LVI.

Εἰς ὑπόδησιν τὸν δεξιὸν πόδα πάρεχε, εἰς δὲ ποδόνιπ]ρον τὸν εὐώνυμον.

Chauffez le pied droit le prémier, & lavez le prémier le pied gauche : *Dextrum pedem primum calceato, sinistrum vero primum lavato*. La chaussure marque les fonctions de la vie active ; & le bain marque les délices, d'une vie oyseuse & molle.

Pythagore veut donc exhorter ses disciples par ce symbole, à avoir plus d'empressement pour la vie active, que pour la molesse & la volupté.

LVII.

Ἐγκέφαλον μὴ ἔσθιε.

Ne mangez pas la cervelle : *Cerebrum ne edito.* C'eſt pour dire, n'accablez point votre eſprit d'un travail exceſſif qui l'abbatte, & qui l'épuiſe : donnez-luy du relache,

———Nec æternis minorem
Conſiliis animum fatiga.

LVIII.

Φοίνικα μὴ φυτεύειν.

Ne plantez pas le palmier : *Palmam ne plantato.*

J'ay lû ce ſymbole de Pythagore, mais je n'en ay trouvé nulle part l'explication : il faut donc la deviner. Le palmier eſt trés-utile & trés-ſecourable dans le pays où il vient naturellement. Plutarque témoigne que les Babyloniens comptoient trois cens ſoixante utilitez qu'ils tiroient de cet arbre ; mais tranſplanté il n'eſt bon a rien, & ne porte qu'un fruit ſauvage qu'on ne ſçauroit manger. Quand Pythagore dit donc, *qu'il ne faut pas planter le palmier*, il veut dire qu'il ne faut rien faire qui ne soit bon & utile. On peut donner aussi à ce symbole un autre sens qui ne me paroist pas moins bon. Les anciens ont écrit, que le bourgeon que les Grecs appellent la cervelle du Palmier, est trés-doux à manger, mais qu'il cause de grands maux de teste; Xenophon rapporte mesme dans le second livre de l'expédition de Cyrus, que les Grecs de l'armée de Clearque se trouvérent mal d'en avoir mangé. Pythagore veut donc nous avertir par ce symbole, qu'il faut fuir tout ce qui est doux & agréable sur l'heure, & qui dans la suite cause des peines & des chagrins.

LIX.

Σπονδὰς ποιεῖσθαι τοῖς θεοῖς κατὰ τὰ οὖς.

Faites les libations aux Dieux par l'oreille: *Libamina Diis facito per auriculam.*

Philostrate rapporte ce symbole, dans la vie d'Apollonius, & il dit qu'Apollonius parlant un jour des libations devant un jeune homme, & ayant dit, qu'il y avoit une liqueur qu'il falloit sacrifier aux oreilles, & en faire les libations par les oreilles; le jeune homme se prit à rire, parce qu'il n'est pas possible de boire par les oreilles. Ce jeune homme prenoit à la lettre un symbole qu'il devoit expliquer figurément. Pythagore, & après luy son disciple Apollonius, vouloient dire qu'il falloit accompagner de Musique les libations, & honorer les Dieux en chantant des hymnes & des cantiques, qui sont les plus agréables libations qu'on puisse leur faire. Pythagore avoit appris en Egypte, que les Juifs employoient les voix & les instrumens pour chanter les loüanges de Dieu. *Psalterium jucundum* *Ps. 80. 2.* *cum cythara.* Homére a connu cette vérité, que la musique est agréable à Dieu; car il feint qu'aux festins des Dieux, Apollon joüe de la Lyre, & que les Muses chantent d'une voix pleine de charmes.

k v

Voicy encore quelques symboles qu'on prétend avoir été recueillis par Plutarque. Je les ay cherchez inutilement dans ses ouvrages; je ne laisse pas de les rapporter, mais sans le texte Grec que je n'ay pas vû.

L X.

Ne mangez pas la séche : *Sepiam ne edito.*

<small>Dans le traité, quels animaux sont les plus aisez.</small>

Plutarque nous apprend une propriété singuliére de la séche, qui nous servira à expliquer ce symbole. Il dit que quand elle est prise dant un filet, elle jette une liqueur qu'elle a sous le cou, & qui est noire comme de l'encre; & qu'ainsi noircissant la mer qui est tout autour d'elle, & se couvrant comme d'un nuage obscur, elle se derobe aux yeux de celuy qui l'a prise.

Pythagore a donc voulu dire, *n'entreprenez point des affaires obscures & difficiles, qui vous échaperont quand vous croirez les tenir.* Ou plustost il a voulu nous avertir de n'avoir aucun commerce avec des gens diffimulez & faux, car ils nous manqueront au befoin, & fe deroberont à nous en broüillant tout par leur fauffeté & par leur noirceur pour fe tirer d'affaires.

LXI.

Ne vous arreftez point fur les confins: *In limine non confiftendum.* C'eft pour dire, *ne demeurez point dans un état équivoque & douteux, prenez votre parti.*

LXII.

Cedez à un troupeau qui paffe: *Progredienti gregi e via cedendum.* C'eft pour dire, *qu'il ne faut pas s'oppofer à la multitude.*

LXIII.

Fuyez la belette: *Muftelam devita.* C'eft pour dire, *fuyez les rapporteurs;* car, comme dit Plutatque, on prétend que la belette fait fes petits par la bouche, & que par cette raifon elle eft l'embléme de la parole qui procéde de la bouche. Plutarque dit, *on pré-*

Dans le traité d'Ifis & d'Ofiris.

tend, parce qu'il fçavoit bien que cela étoit contefté, & qu'Ariftote mefme a fait voir que la belette fait fes petits comme les autres animaux, & que cette fable n'eft fondée que fur ce que la belette tranfporte fouvent fes petits d'un lieu à un autre avec fa bouche.

LXIV.

Refufez les armes que vous préfente une femme : *Arma à muliere fumminiftrata rejice*. La femme, à caufe de la foibleffe de fon fexe, eft l'embléme de la colére & de la vengeance ; car ces paffions viennent de foibleffe.

Pythagore a donc voulu dire, qu'il faut rejetter toutes les infpirations que donne l'efprit de vengéance. Peut-eftre auffi qu'il a voulu enfeigner, qu'il ne faut jamais entrer dans les reffentimens des femmes, & fe livrer aux fureurs qu'elles veulent infpirer. Mille éxemples ont fait voir les maux qui en arrivent.

LXV.

Ne tuez point le serpent qui est tombé dans votre cour : *Colubrum intra ædes collapsum ne perimito.* C'est pour dire, *ne faites point de mal à votre ennemi quand il est devenu votre suppliant & votre hoste.*

Le serpent signifie toûjous un ennemi, parce qu'en effet c'est l'ennemi de l'homme depuis la malediction prononcée contre luy. *Genes. 3. 15.*

LXVI.

C'est un crime de jetter des pierres aux fontaines : *Lapidem in fontem jacere scelus.* C'est pour dire, *que c'est un grand péché de tourmenter & de persecuter les gens de bien, & ceux qui servent utilement le public.*

Hesiode avoit dit avant Pythagore, μηδ' ἐπὶ κρηνάων οὐρεῖν, *neque super fontes meito.* Pour dire, *ne corrompez point, & ne rendez pas inutile le bien que les autres font, & ne vous moquez pas de vos bienfaicteurs.* Salomon a comparé de mesme les gens de bien aux fontaines, quand il dit que c'eſt une fontaine troublée avec le pied, & une ſource gaſtée & perduë, que le juſte qui tombe devant l'impie. *Fons turbatus pede, & vena corrupta, juſtus cadens coram impio.*

Proverb. 25. 26.

LXVII.

Ne mangez pas de la main gauche: *Siniſtra cibum ne ſumito.* C'eſt pour dire, *ne vivez que d'un gain juſte & légitime, & ne vous nourriſſez point de rapines & de vols,* mais de votre travail; car la main gauche a toûjours été la main ſuſpecte de larcin; c'eſt pourquoy Catulle écrit à Aſinius, qui luy avoit volé ſon mouchoir,

Marucine Aſini manu ſiniſtra
Non belle uteris in joco atque vino:
Tollis lintea negligentiorum.

LXVIII.

C'eſt un crime horrible d'oſter la ſueur avec le fer: *Sudorem ferro abſtergere tetrum facinus.* C'eſt pour dire, que c'eſt une action trés-criminelle d'oſter à quelqu'un par la force & par la violence le bien qu'il a gagné par son travail, & à la sueur de son front; car la sueur se prend ordinairement pour ce que l'on gagne par son travail, à cause de la malédiction prononcée aprés le péché du prémier homme : *In sudore vultus tui vesceris.* Ce symbole de Pythagore dit la mesme chose que cette sentence de l'Ecclesiastique, 34. 26. *Qui aufert in sudore panem, quasi qui occidit proximum suum : Celuy qui oste le pain gagné à la sueur du front, est comme celuy qui tuë son prochain.*

LXIX.

N'appliquez pas le fer sur les traces de l'homme : *Hominis vestigia ferro ne configito.* C'est pour dire, *ne déchirez point la mémoire de ceux qui sont morts.* Car ce symbole n'a aucun rapport au prétendu sortilege que l'on pratique aujourd'huy, & par lequel on prétend arrester un homme, un cheval, en fichant un clou sur une des traces de ses pas. Ce sortilege est une chimére de ces derniers temps, & inconnuë à toute l'antiquité.

LXX.

Ne dormez point sur le tombeau : *In sepulcro ne dormito.* C'est pour dire, *que les biens que vos péres vous ont laissez, ne servent pas à vous faire vivre dans l'oisiveté, & dans la mollesse.* Et je suis persuadé que Pythagore avoit tiré ce symbole de ce précepte d'Hesiode, qui deffend de s'asseoir sur les tombeaux.

Μηδ' ἐπ' ἀμνήϐιοῖσ καθίζειν.

LXXI.

Ne mettez pas au feu le fagot entier : *Integrum fasciculum in ignem ne mittito.* Pour dire, *vivez d'économie, & ne mangez pas tout votre bien à la fois.*

LXXII.

Ne sautez pas du char à pieds joints: *De rheda junctis pedibus ne exilito.* C'est pour dire, *ne faites rien à l'étourdie, & ne changez pas d'état témérairement, & tout d'un coup.*

LXXIII.

Ne menacez point les astres : *In astrum ne digitum intendito.* C'est pour dire, *ne vous emportez point contre ceux qui sont au dessus de vous, & contre ceux qui ne travaillent qu'à vous éclairer dans vos ténébres.*

LXXIV.

N'appliquez point la chandelle contre la muraille : *Candelam ad parietem ne applicato.* C'est pour dire, *ne vous opiniastrez point à vouloir éclairer des gens grossiers ;* car ils resistent à vos lumiéres comme une muraille rejette & repousse les rayons du Soleil.

LXXV.

N'écrivez point sur la neige : *In nive ne scribito.* C'est pour dire, *ne confiez pas vos préceptes à des naturels mols, & efféminez ;* car la moindre chaleur, c'est à dire la moindre perfection les fond, & vos préceptes s'évanoüissent.

Les Grecs ont dit dans le mesme sens, *écrire sur l'eau*, pour dire prendre une peine inutile, donner des préceptes à des naturels mols qui ne sçauroient les retenir, & où ils s'effacent incontinent.

LA VIE D'HIEROCLES.

IL n'est rien de plus naturel quand on lit un ouvrage, que d'en vouloir connoistre l'Auteur; & plus l'ouvrage est beau & utile, plus on est curieux de sçavoir à qui on doit le plaisir & le profit qu'on tire de cette lecture. C'est ce qui m'a porté à rechercher qui étoit l'Hieroclés auteur de ces excellents commentaires sur les vers de Pythagore; car ce n'est pas le connoistre que de sçavoir seulement son nom, qui luy a été commun avec plusieurs autres : & je voy mesme que les plus sçavants ne sont pas d'accord sur ce point.

L'antiquité nous fournit plusieurs hommes celébres qui ont porté le nom d'Hieroclés. Le prémier, c'est Hieroclés frére de Meneclés, natif de la ville d'Alabande dans la Carie. Ces deux fréres avoient acquis beaucoup de reputation par leur éloquence. Ciceron, qui les avoit vûs & entendus, en parle en plusieurs endroits de ses ouvrages, & voicy le jugement qu'il en porte dans son Orateur à Brutus : *Tertium est in quo fuerunt fratres illi, Asiaticorum Rhetorum principes, Hierocles & Menecles minime meâ sententia contemnendi. Etsi enim à forma veritatis, & ab Atticorum regula absunt, tamen hoc vitium compensant, vel facilitate vel copia.* La troisiéme sorte est celle dans laquelle ont travaillé les deux fréres, les prémiers des Orateurs Asiatiques, Hieroclés & Meneclés, qui à mon avis ne sont nullement à mépriser ; car, quoyqu'ils s'éloignent du caractére de la vérité, & de la régle Attique, ils reparent ce defaut par la facilité de leur composition, & par leur abondance. Ce caractére de composition tel qu'il est marqué dans ce passage suffit pour faire voir que l'Hieroclés de Ciceron n'est pas celuy qui a travaillé sur ces Vers de Pythagore ; car sa maniére d'écrire ne tient nullement de l'Asiatique, tout y est serré & concis. D'ailleurs il étoit Orateur & non pas Philosophe.

Le second étoit Hiérocles cité par Stephanus, comme un grand voyageur qui avoit fait des relations de tout ce qu'il avoit vû de plus extraordinaire & de plus remarquable. Par éxemple, il parle d'une nation d'Hyperboréens appellée les Tarcynéens, chés laquelle des Gryphons gardent les mines d'or. Il dit, que rien ne mérite davantage d'estre vû que les Brachmanes, nation adonnée à la Philosophie, & consacrée particulierement au Soleil, qui ne mangent nulle sorte de viande, qui vivent toûjours à l'air, qui respectent sur tout & cultivent la vérité, & qui ne portent que des robes faites d'un lin qu'ils tirent des rochers ; car ajouste-t-il, ils prennent certains petits filaments qui viennent sur les rochers, les filent, & en font des habits, qui ne bruslent point au feu, & qu'ils ne mettent point à la lessive pour les laver ; mais quand ils

Ses relations sont citées sous le nom de Phil. stores. Hierocles in Philistoricis.

sont sales, ils les jettent au milieu d'une flamme vive, & ils deviennent blancs & transparents. Il parle du lin appellé *asbeste*, & qu'on trouve encore aujourd'huy dans les Pyrenées tel qu'il le décrit. Cet Hieroclés vivoit quelque temps aprés le siécle de Strabon, c'est à dire aprés Tibére.

Le troisiéme est un Philosophe Stoïcien dont il est parlé dans Aulugelle, qui dit, que toutes les fois que le Philosophe Taurus entendoit parler d'Epicure, il avoit d'abord dans la bouche, ces mots d'Hieroclés, homme grave & saint, * *Que la volupté soit la fin de l'homme, dogme de courtisane. Que la providence ne soit rien, autre dogme de courtisane.* Par ces mots, ce sage Stoïcien se munissoit comme d'un contrepoison contre les deux maximes qui faisoient le fondement de la Philosophie d'Epicure, & qui étoient trés-pernicieuses dans le sens que les Epicuriens relachez leur donnoient.

* Ἡδονὴ τέλος, πόρνης δόγμα. οὐκ ἔστι πρόνοια οὐδέν, πόρνης δόγμα. Comme a corrigé le sçavant Anglois Jean Pearson.

Cet Hieroclés est donc plus ancien que Taurus, & par consequent il vivoit au plus tard sous l'Empereur Adrien. Ni le voyageur, ni le Philosophe ne peuvent estre auteurs de ces commentaires sur les Vers dorez. Un ouvrage si grave & si sublime n'est pas l'ouvrage d'un voyageur ; & notre Hieroclés étoit Pythagoricien, & non pas Stoïcien. D'ailleurs il est certain que ces commentaires ne sont pas du second siécle

On trouve un autre Hieroclés qui étoit Jurisconsulte, & dont on a cité un traité des maladies, & de leur cure, qu'il avoit dédié à Bassus Philosophe de Corinthe.

Il y en a encore un cinquiéme qui étoit Grammairien, & dont on a la notice de l'Empire de Constantinople. Ni le Grammairien, ni le Jurisconsulte ne sont notre Hieroclés.

Mais voicy certainement où il faut le chercher. Sous l'empire de Diocletien il y avoit un Hierocles de Bithynie qui exerçoit à Nicomedie l'office de Juge, & à qui l'Empereur donna le gouvernement d'Alexandrie pour le recompenser des maux qu'il faisoit aux Chrétiens. Il ne se contenta pas de les persecuter avec la dernière fureur, il écrivit encore contre eux deux livres qu'il appella *Philalethes*, c'est à dire, *amis de la vérité*, où il s'efforçoit de prouver la fausseté de l'Ecriture sainte par mille prétenduës contradictions qu'il croyoit y apercevoir, & où il égaloit ou preféroit mesme à Jesus-Christ, Apollonius de Tyane.

Peu de temps aprés on trouve un Hieroclés natif d'Hillarime, ville de Carie, & qui aprés avoir fait quelque temps le métier d'Athlete, quitta le Gymnase pour s'appliquer à la Philosophie, Ἀπὸ ἀθλήσεων ἐπὶ φιλοσοφίαν ἀχθείς, *qui des combats du Gymnase passa tout d'un coup à la Philosophie*, dit Stephanus.

Jusqu'icy ces deux Hieroclés ont été confondus. Vossius prétend que le Gouverneur d'Alexandrie est le mesme que l'Athlete, & je voy que Jean Pearson, un des plus sçavants hommes

hommes que l'Angleterre ait portez, ne s'éloigne pas de ce sentiment, à condition qu'on luy permette d'expliquer autrement le passage de Stephanus, que je viens de rapporter. Il veut que le mot Grec, ἀθλήσεις, qu'on a expliqué, *les combats du Gymnase*, signifie, les combats que les Chrétiens ont eu à soustenir contre les Payens, & les persecutions qu'ils ont souffertes : & pour le prouver il cite un passage d'Eusebe qui parle des combats des glorieux Martyrs, θεοπρεπῶν μαρτύρων ἀθλήσεις. Mais ce sçavant Anglois ne s'est pas apperceu qu'ἀθλήσεις peut bien estre dit en ce sens, par rapport à ceux qui souffrent, & nullement par rapport à ceux qui font souffrir. Par exemple, on dira, *ce Martyr, au sortir de ses glorieux combats, fut couronné* ; car c'est le Martyr qui combat. Mais on ne dira pas du Juge qui préside à ces éxecutions impies, *qu'au sortir de ses combats il alla se reposer ;* car le Juge ne combat point.

Ce suffrage de Pearson pour le sentiment de Vossius, n'étant donc appuyé que sur une explication si peu fondée, ne doit estre d'aucune authorité. Mais voicy d'autres raisons qui combattent ce sentiment de Vossius, & qui font voir qu'il n'a éxaminé d'assez prés ni les temps, ni les caractéres différents de ces deux Hierocles.

Le métier d'Athléte, & celuy de Juge ne sont pas plus différents que ces deux Hierocles sont différens, & par le cœur & par l'esprit.

Dans le Juge, les anciens n'ont trouvé que cruauté, qu'animosité, qu'injustice.

Dans le Philosophe, nous ne découvrons qu'équité, que droiture, qu'humanité.

Dans le Juge, on a trouvé un esprit médiocre, un jugement peu juste & peu exercé, une critique froide, & un fonds inépuisable d'impudence & de mauvaise foy. Il ne faut que lire ce qu'Eusebe nous en a conservé; cela est pitoyable, nulle raison, nul jugement, nul esprit.

Et dans le Philosophe, nous remarquons un esprit trés-éclairé & trés-profond, une raison saine, un jugement exquis, beaucoup de penetration & de sagesse, & une grande amour pour la vérité.

Il ne paroist pas possible que les livres d'Hierocles contre la Religion Chrétienne, & ces commentaires sur les Vers dorez de Pythagore, soient l'ouvrage du mesme auteur. Dans les prémiers tout étoit frivole, il n'y avoit rien de nouveau ni de singulier; la pluspart mesme des objections étoient des objections pillées souvent mot à mot de Celse & de Porphyre, déja refutées cent fois, ou méprisées; &, ce qui est trés-remarquable, souvent contraires aux maximes du Philosophe.

Au lieu que dans ces derniers, si on en excepte quelques opinions que ce Philosophe avoit receuës de son maistre avec trop de simplicité, il n'y a rien que de solide. Nulle part des veuës plus grandes & plus sublimes sur la nature de Dieu, & sur les devoirs de l'homme ; & nulle part des principes plus saints & plus conformes aux véritez de la Religion Chrétienne. Cet ouvrage est comparable à tout ce qu'ont écrit les plus grands Philosophes de l'antiquité. Il paroist qu'il avoit lû les saintes Ecritures; mais bien loin de jetter des pierres contre cette fontaine divine, on voit clairement qu'il y avoit puisé, & qu'il s'étoit heureusement servi de cette source de lumiére pour éclaircir beaucoup de points de la theologie des Payens; pour l'enrichir mesme, & pour la dégager de beaucoup d'erreurs grossiéres que la lumiére naturelle ne pouvoit seule dissiper.

On dira peut-estre que ces conjectures ne sont pas assez fortes pour obliger à faire deux auteurs d'un seul; & qu'il est trés-possible & trés-vraysemblable qu'un homme qui a témoigné beaucoup de force & beaucoup d'esprit dans les traitez de Philosophie, tombe, & se démente quand il entreprend de combattre la vérité, & de faire triompher le mensonge. Porphyre luy-mesme, qui avoit fait de si beaux ouvrages, que nous lisons encore avec plaisir, n'est plus le mesme & ne temoigne plus le mesme jugement & la mesme solidité dans les livres qu'il avoit composez contre la Religion Chrétienne. Que peut faire le plus grand génie, quand il combat contre Dieu ! Cela est certain ; mais Porphyre n'est point si différent de luy-mesme dans ces derniers ouvrages, que le seroit l'auteur de ces commentaires, s'il avoit fait les livres contre les Chrétiens.

Voicy encore une raison qui me paroist assez forte. On sçait qu'Apollonius de Tyane, cet insigne imposteur qu'Hierocles, auteur des livres contre les Chrétiens, avoit la folie d'égaler & de preférer mesme à Jesus-Christ, privoit l'homme de son libre arbitre, & soustenoit que tout étoit gouverné par les loix de la destinée que rien ne pouvoit changer. Eusebe employe un chapitre à combattre cette fausse doctrine dans le traité qu'il a fait contre Hierocles. Je dis donc, que si cet impie Hierocles étoit le mesme que celuy qui a fait ces excellents commentaires, Eusebe n'auroit pas manqué de tirer de ces commentaires mefmes des armes pour battre en ruine ce faux dogme d'Apollonius fur la liberté, & de reprocher à fon panegyrifte, qu'il élevoit au deffus de notre Seigneur un homme prevénu d'une erreur capitale fur une vérité trés-importante, & fans laquelle il n'y a plus ni vertu, ni vice, ni fageffe, ni folie, ni ordre, ni juftice; & un homme auquel il étoit luy-mefme trés-oppofé, puifque jamais Philofophe n'a établi plus folidement & plus fortement que luy ce dogme du libre arbitre. Eufebe auroit encore tiré de ces commentaires & des autres traitez d'Hierocles, de quoy refuter & détruire toutes les fables & toutes les chiméres dont Philoftrate tafche d'embellir la vie d'Apollonius, puifque rien n'eft fi oppofé à cette fauffe Philofophie que la doctrine de notre Hierocles. De là je croy que l'on peut conclure affez probablement que l'auteur de ces commentaires n'eft pas l'impie Hierocles contre lequel Eufebe a écrit.

Mais voicy d'autres raisons que je tire des temps, & qui auront peut-estre la force de preuves.

Hierocles, Gouverneur d'Alexandrie, & l'auteur des deux livres contre les Chrétiens, étoit mort avant l'an 340. de Jesus-Christ.

Damascius qui vivoit sous l'Empereur Justinien, avoit vû Theosebe disciple du Philosophe Hierocles, comme il le dit luy-mesme dans le passage que je rapporteray plus bas.

Il paroist bien difficile, qu'un homme qui florissoit encore en 528. ait vû & connu le disciple d'un homme mort avant 340. Et par consequent il n'est guére vray-semblable que l'Hierocles Philosophe, & auteur de ces commentaires sur les Vers dorez, soit le mesme que l'Hierocles, Gouverneur d'Alexandrie, & l'ennemi des Chrétiens.

Si l'on nous avoit conservé quelques particularitez de la vie du Philosophe, elles fortifieroient peut-estre les raisons que je viens d'avancer ; mais nous ne sçavons de luy que trés-peu de chose, & que ce qu'en a écrit Damascius, & que Photius, & aprés luy Suidas, nous ont conservé.

Voicy ce qu'en dit cet écrivain qui florissoit assez avant dans le 6. siécle. *Le Philosophe Hierocles, celuy qui par sa sublimité, & par son éloquence, a rendu si célébre l'école d'Alexandrie, joignoit à la constance & à la grandeur d'ame une beauté d'esprit, & une fécondité au-delà de toute imagination. Il parloit avec tant de facilité, & étoit si heureux dans le choix des beaux termes, qu'il ravissoit tous ses auditeurs, & paroissoit toûjours entrer en lice contre Platon, pour luy disputer la gloire de la beauté de la diction, & de la profondeur des sentiments. Il avoit un disciple appellé Theosebe, qui de tous les hommes que j'ay connus, étoit le plus accoustumé par la pénétration de son esprit, à lire les pensées les plus secrettes du cœur. Ce Theosebe disoit qu'Hieroclés expliquant un jour Platon, dit que les raisonnements de Socrate ressembloient aux dez qui se trouvent* toûjours debout, de quelque maniére qu'ils tombent. Un malheur qui arriva à ce Philosophe, servit à mettre son courage & sa magnanimité dans tout leur jour. Estant allé à Bysance il s'attira la haine de ceux qui gouvernoient; il fut mis en prison, mené devant le tribunal, condamné, & livré aux six licteurs qui le mirent tout en sang. Alors sans s'étonner, il remplit sa main du sang qui couloit de ses playes & le jetta au visage du Juge, en luy disant ce vers d'Homére,

Κύκλωψ τῆ, πί' οἶνοι, ἐπὶ φάγις ἀνδρόμεα κρέα.

Tien Cyclope, boy ce vin, aprés t'estre rassasié de chair humaine. Il fut banni, & s'en étant retourné à Alexandrie, il philosophoit à son ordinaire avec ceux qui alloient l'écouter. On peut remarquer l'excellence & la grandeur de son esprit dans les commentaires qu'il a faits sur les Vers dorez de Pythagore, dans ses traitez de la Providence, & dans plusieurs autres ouvrages, où il fait paroistre des mœurs trés-sages, & un sçavoir profond & éxact.

Cet éloge ne convient nullement à Hierocles ennemi des Chrétiens, on n'auroit point dit du Gouverneur d'Aléxandrie, qu'il avoit rendu une école florissante. Cet Hierocles, bien loin de pouvoir disputer à Platon la gloire du stile & de la profondeur des sentiments, n'étoit, comme je l'ay déja dit, qu'un génie fort médiocre. Et d'ailleurs, quelle apparence que le Gouverneur d'Aléxandrie eût receu à Bysance le traitement dont Damascius parle icy; au lieu que tout cela peut fort bien convenir à l'Athlete devenu Philosophe.

Les ouvrages philosophiques, que Damascius avoit vûs d'Hierocles, étoient un traité de la providence & de la destinée, & de l'accord de notre liberté avec les decrets de Dieu, divisé en sept livres. Photius nous a conservé des fragments des trois prémiers.

Un œconomique, à l'imitation de Xenophon, & un traité des maximes des Philosophes, dont voicy les principaux chapitres.

Comment il faut se gouverner soy-mesme. Comment il faut se conduire envers les Dieux, envers la patrie, envers son pére & sa mére, envers ses fréres, sa femme, ses enfans, ses proches. Nous en avons encore dans Stobée, des fragments considérables, qui marquent beaucoup d'esprit, beaucoup de douceur, en un mot un caractére bien opposé à celuy du Juge d'Aléxandrie : Par éxemple, dans le traité de l'amour fraternel, il dit, que *pour en bien user avec tout le monde, il faut nous mettre à la place de chacun, & nous imaginer qu'il est nous, & que nous sommes luy.*

Qu'il n'y a rien de plus digne de l'homme, & qui mérite plus de loüange, que de faire par sa douceur & par ses maniéres, qu'un homme brutal, emporté & féroce, devienne doux, traitable & humain.

Dans le traité du mariage, aprés avoir dit beaucoup de choses de la nécessité de cette liaison, il dit, que *presque tous les mauvais mesnages viennent des mauvais choix qu'on fait; on n'épouse des femmes que pour leurs* richesses ou pour leur beauté, sans se mettre en peine de leurs mœurs & de leurs inclinations : De la vient qu'on se marie souvent pour son malheur, & que l'on couronne la porte de sa maison pour y recevoir un tyran, & non pas une femme.

Il ajouste, que *ceux qui refusent de se marier, & d'avoir des enfans, accusent leurs péres de s'estre mariez sans raison, & se font le procés à eux-mesmes.*

Dans le traité, comment on doit vivre avec son pére & sa mére; il dit, que *les enfans doivent se regarder dans la maison de leur pere & de leur mére, comme dans un temple où la nature les a placez, & dont elle les a fait les prestres & les ministres, afin qu'ils vaquent continuellement au culte de ces divinitez qui leur ont donné le jour.*

Il dit encore, que *les enfans doivent fournir à leurs péres toutes les choses nécessaires, & que de peur d'en oublier quelqu'une, il faut prévenir leurs desirs, & aller souvent jusqu'à* deviner ce qu'ils ne peuvent pas expliquer eux-mesmes ; car ils ont souvent deviné pour nous, lorsque nous ne pouvions marquer nos besoins que par nos cris, nos begayemens & nos plaintes.

Il avoit fait aussi des commentaires sur le Gorgias de Platon : & voicy sur cela une particularité assez plaisante que Damascius raconte dans Photius. Il dit qu'Hierocles expliquoit un jour à ses disciples le Gorgias de Platon ; Theosebe qui étoit présent, écrivit cet explication. Quelque temps aprés, Hierocles ayant encore pris le Gorgias pour l'expliquer, le mesme Theosebe recueillit aussi cette explication telle qu'elle sortoit de la bouche de son maistre ; & comparant en suite la derniére avec la premiére, il n'y trouva presque rien de semblable ; cependant, ce qu'on a de la peine à croire, elles luy parurent toutes deux trés-conformes à la doctrine de Platon ; ce qui fait voir, ajouste-t-il, * *quel*

---

* J'ay conservé la phrasé Gréque qui m'a paru belle. τοῦ γὰρ οὖν ἐπιδείκνυται, τοῦ ἀνδρὸς ἡλίκον ἦν ἄρα τὸ τῆς φρενῶν πέλαγος.

ocean, quelle profondeur de sens il y avoit dans ce grand homme.

Theosebe ayant fait remarquer cette différence à Hierocles, celuy-cy dit en cette occasion le bon mot que j'ay déja rapporté, que les discours de Socrate sont comme les dez qui se trouvent toûjours debout de quelque maniére qu'ils tombent.

C'est grand dommage que tous ces ouvrages d'Hierocles se soient perdus : mais je regrette encore plus la perte d'un traité qu'il avoit fait de la justice ; car ce dernier suppléeroit à tous les autres. C'étoit sans doute un ouvrage trés-solide & trés-profond, s'il en faut juger par ces commentaires sur les Vers dorez de Pythagore, où nous voyons que ce Philosophe avoit penetré l'essence de la justice.

Nous avons encore un petit traité intitulé, Ἱεροκλέους φιλοσόφου ἀςεῖα, *les contes plaisans du Philosophe Hierocles*. C'est un petit recueil de quelques sottises ou simplicitez, dites par des gens fraischement sortis de l'école, qui dans tous les temps, ont passé pour plus simples & plus niais que les gens du monde.

En voicy quelques-unes.

Un écolier s'étant allé baigner pour la première fois, enfonça & pensa se noyer. Effrayé du péril qu'il avoit couru, il jura qu'il ne se mettroit plus dans l'eau qu'il n'eust appris à nager.

Un autre voulant accoustumer son cheval à ne point manger, ne luy donna plus ni foin ni avoine ; & son cheval étant mort enfin, il dit, *Que je suis malheureux ! j'ay perdu mon cheval dans le temps qu'il avoit déja appris à ne plus manger.*

Un autre voulant voir s'il avoit bonne grace à dormir, se regardoit dans son miroir les yeux fermez.

Un autre voulant vendre sa maison, en osta une pierre qu'il porta au marché, pour montre.

Un autre ayant une cruche d'excellent vin, la cacheta. Son valet fit un trou par dessous, & beuvoit ce vin. Le maistre voyant son vin diminuer, quoyque le cachet fust entier, étoit surpris, & n'en pouvoit deviner la cause. Quelqu'un luy dit; mais prennez garde qu'on ne le tire par dessous. *Eh, gros sot,* dit le maistre, *ce n'est pas par dessous qu'il manque, c'est par dessus.*

Tout le reste est à peu prés de mesme, & je m'étonne qu'on ait pû attribuer au Philosophe Hierocles un ouvrage si frivole, & si peu digne d'un homme grave. Le stile seul prouve qu'il est beaucoup plus moderne; car on y trouve des termes, que ni le quatriéme, ni le cinquiéme siécle n'ont connus, & qui dementiroient bien les loüanges que les anciens ont données à la beauté de la diction de ce Philosophe.

Dans la Bibliotheque du Roy, on trouve quantité de lettres du Sophiste Libanius, qui n'ont jamais été imprimées. Parmi ces lettres il y en a baucoup où il est parlé d'un Hierocles; & quelques-unes mesmes, qui s'adressent à luy. Il paroist par là que c'étoit un Rheteur qui avoit acquis beaucoup de reputation par son éloquence, & qui étoit toûjours demeuré pauvre, parce qu'il avoit été toûjours homme de bien. Ce caractére est trés-conforme à celuy de l'auteur de ces Commentaires, & trés-opposé à celuy du Gouverneur d'Aléxandrie que ses cruautez & ses injustices avoient enrichi. Le temps mesme convient assez à celuy où florissoit notre Pythagoricien; car l'Hierocles de Libanius peut avoir vescu jusques dans le cinquiéme siécle. Mais je laisse cette recherche à ceux qui auront le temps, & qui voudront se donner la peine de recueillir toutes ces lettres trés-dignes de voir le jour, de les mettre en ordre, & d'éxaminer si tout ce que l'auteur y dit de cet Hierocles & de sa famille, peut s'accorder avec ce que Damascius en a écrit, & si on peut par là détruire ou fortifier mes conjectures.

ΠΥΘΑΓΟΡΟΥ ΚΡΥΣΑ ΕΠΗ.

Ἀθανάτους μὲν πρῶτα θεοὺς, νόμῳ ὡς διάκεινται,

Τίμα· καὶ σέβου ὅρκον· ἔπειθ᾽ ἥρωας ἀγαυούς.

Τούς τε καταχθονίοις σέβε δαίμονας, ἔννομα ῥέζων.

Τούς τε γονεῖς τίμα, τούς τ᾽ ἄγχιστ᾽ ἐκγεγαῶτας·

5. Τῶν δ᾽ ἄλλων ἀρετῇ ποιοῦ φίλον, ὅστις ἄριστος.

Πραέσι δ᾽ εἶκε λόγοις, ἔργοισί τ᾽ ἐπωφελίμοισι.

Μηδ᾽ ἔχθαιρε φίλον σὸν ἁμαρτάδος εἵνεκα μικρῆς,

LES VERS DOREZ DE PYTHAGORE.

HOnore premiérement les Dieux immortels, comme ils sont établis & ordonnez par la Loy.

Respecte le serment avec toute sorte de religion. Honore ensuite les Heros pleins de bonté & de lumiére.

Respecte aussi les Démons terrestres, en leur rendant le culte qui leur est légitimement dû.

Honore aussi ton pére & ta mére, & tes plus proches parents.

De tous les autres hommes, fais ton ami de celuy qui se distingue par sa vertu.

Céde toûjours à ses doux avertissemens, & à ses actions honnestes & utiles.

Et ne viens jamais à haïr ton ami pour une legére faute, autant que tu le peux.

ΠΥΘΑΓΟΡΟΥ ΧΡΥΣΑ ΕΠΗ.

Ὄφρα δύνῃ· δύναμις γὰρ ἀνάγκης ἐγγύθι ναίει.

Ταῦτα μὲν οὕτως ἴσθι. κρατεῖν δὲ ἐθίζεο τῶνδε·

10. Γαστρὸς μὲν πρώτιστα, καὶ ὕπνου, λαγνείης τε,

Καὶ θυμοῦ. πρήξεις δ' αἰσχρὸν ποτὲ μήτε μετ' ἄλλου,

Μήτ' ἰδίῃ. πάντων δὲ μάλιστα αἰσχύνεο σαυτόν.

Εἶτα δικαιοσύνην ἀσκεῖν ἔργῳ τε, λόγῳ τε,

Μηδ' ἀλογίστως σαυτὸν ἔχειν περὶ μηδὲν ἐθίζε·

15. Ἀλλὰ γνῶθι μὲν ὡς θανέειν πέπρωται ἅπασι·

Χρήματα δ' ἄλλοτε μὲν κτᾶσθαι φιλεῖ, ἄλλοτ' ὀλέσθαι.

Ὅσσα τε δαιμονίῃσι τύχαις βροτοὶ ἄλγε' ἔχουσιν,

Or la puissance habite prés de la nécessité.

Sçache que toutes ces choses sont ainsi : mais accoustume-toy à surmonter & à vaincre tes passions :

Premiérement, la gourmandise, la paresse, la luxure, & la colére. 10.

Ne commets jamais aucune action honteuse, ni avec les autres,

Ni en ton particulier ; & sur tout respecte-toy toy-mesme.

En suite, observe la justice dans tes actions & dans tes paroles,

Et ne t'accoustume point à te comporter dans la moindre chose sans régle & sans raison :

Mais fais toûjours cette reflexion, que par la destinée il est ordonné à tous les hommes de mourir, 15.

Et que les biens de la fortune sont incertains ; & que comme on peut les acquérir, on peut aussi les perdre.

Pour toutes les douleurs que les hommes souffrent par la divine fortune,

Ὧν ἂν μοῖραν ἔχῃς, πράως φέρε, μηδ᾽
ἀγανάκτει.
Ἰᾶσθαι δὲ πρέπει καθόσον δύνῃ, ὧδε δὲ
φράζευ.

20. Οὐ πάνυ τοῖς ἀγαθοῖς τούτων πολὺ μοῖρα δίδωσι.

Πολλοὶ δ᾽ ἀνθρώποισι λόγοι δειλοί τε,
καὶ ἐσθλοὶ

Περαπίπτουσ᾽, ὧν μήτ᾽ ἐκπλήσσεο, μήτ᾽
ἄρ᾽ ἐάσῃς
Εἴργεσθαι σαυτόν. ψεύδοις δ᾽ ἢν ὧ᾽ παρ᾽
τι λέγηται,

Πράως εἶχ᾽. ὅδε τοι ἐρέω, ἐπὶ παντὶ
τελείσθω.
25. Μηδεὶς μήτε λόγῳ σε παρείπῃ, μήτε τι
ἔργῳ.

Πρῆξαι, μηδ᾽ εἰπεῖν, ὅτι τοι μὴ βέλτε-
ρόν ἐστι.
Βουλεύου δὲ πρὸ ἔργου, ὅπως μὴ μω-
ρὰ πέληται.

VERS DOREZ DE PYTH. cclxiij

Supporte doucement ton sort tel qu'il est, & ne t'en fasche point.

Mais tasche d'y remédier autant qu'il te sera possible.

Et pense que la destinée n'envoye pas la 20. plus grande portion de ces malheurs aux gens de bien.

Il se fait parmi les hommes plusieurs sortes de raisonnemens bons & mauvais.

Ne les admire point legérement, & ne les rejette pas non plus :

Mais si l'on avance des faussetez, céde doucement, & arme-toy de patience.

Observe bien en toute occasion ce que je vais te dire :

Que personne, ni par ses paroles, 25. ni par ses actions ne te séduise jamais.

Et ne te porte à faire ou à dire ce qui n'est pas utile pour toy.

Consulte & délibere avant que d'agir, afin que tu ne fasses pas des actions folles.

Δειλοῦ τι πρήσσειν τε, λέγειν τ' ἀνόητα
 πρὸς ἀνδρός.

Ἀλλὰ τάδ' ἐκτελέειν, ἅ σε μὴ μετέ-
 πειτ' ἀνιήσῃ.

30. Πρῆσσε δὲ μηδὲν τῶν μὴ πίστασαι· ἀλλὰ
 διδάσκευ
 Ὅσα χρεών, καὶ τερπνότατον βίον ὧδε
 διάξεις.

Οὐδ' ὑγιείης τῆς περὶ σῶμ' ἀμέλειαν
 ἔχειν χρή.
 Ἀλλὰ ποτοῦ τε μέτρον, καὶ σίτου, γυμνα-
 σίων τε,

Ποιεῖσθαι· μέτρον δὲ λέγω τόδ', ὃ μή
 σ' ἀνιήσει
35. Ἐθίζου δὲ δίαιταν ἔχειν καθάρειον, ἄ-
 θρυπτον.
 Καὶ πεφύλαξό γε ταῦτα ποιεῖν, ὁπόσα
 φθόνον ἴσχει.
 Μὴ δαπανᾶν παρὰ καιρόν, ὁποῖα καλῶν
 ἀδαήμων.

Car c'est d'un misérable de parler, & d'agir sans raison, & sans réflexion.

Mais fais tout ce qui dans la suite ne t'affligera point, & ne t'obligera point à te repentir.

Ne fais jamais aucune des choses que tu ne sçais point ; 30.

Mais apprends tout ce qu'il faut sçavoir, & par ce moyen tu meneras une vie trés-délicieuse.

Il ne faut nullement négliger la santé du corps ;

Mais on doit luy donner avec mesure le boire & le manger, & les éxercices dont il a besoin.

Or j'appelle mesure ce qui ne t'incommodera point.

Accoustume-toy à une maniére de vivre 35. propre & sans luxe.

Evite de faire ce qui attire l'envie.

Et ne dépense point mal à propos, comme celuy qui ne connoist point ce qui est beau & honneste :

m

ΠΥΘΑΓΟΡΟΥ ΧΡΥΣΑ ΕΠΗ.

Μηδ' ἀνελεύθερος ἴσθι. μέτρον δ' ἐπὶ
πᾶσιν ἄριστον.

Πρῆσσε δὲ ταῦθ', ἅ σε μὴ βλάψῃ, λόγι-
σαι δὲ πρὸ ἔργου.

40. Μηδ' ὕπνον μαλακοῖσιν ἐπ' ὄμμασι
προσδέξασθαι,
Πρὶν τῶν ἡμερινῶν ἔργων λογίσασθαι
ἕκαστον.

Πῆ παρέβην; τί δ' ἔρεξα; τί μοι δέον οὐκ
ἐτελέσθη;

Ἀρξάμενος δ' ἀπὸ πρώτου ἐπέξιθι. κὴ
μετέπειτα
Δεινὰ μὲν ἐκπρήξας ἐπιπλήσσεο· χρηστὰ
δὲ, τέρπου.

45. Ταῦτα πόνει, ταῦτ' ἐκμελέτα, τούτων χρὴ
ἐρᾶν σε.

Ταῦτά σε τῆς θείης ἀρετῆς εἰς ἴχνια
θήσει.

Mais ne sois pas non plus avare & mesquin. La juste mesure est excellente en toutes choses.

Ne fais que les choses qui ne pourront te nuire, & raisonne avant que de les faire.

Ne laisse jamais fermer tes paupiéres au sommeil aprés ton coucher,

Que tu n'ayes éxaminé, par ta raison toutes tes actions de la journée.

En quoy ay-je manqué ? qu'ay-je fait ? qu'ay-je obmis de ce que je devois faire ?

Commençant par la premiére de tes actions, continuë ainsi de suite.

Si dans cet éxamen tu trouves que tu ayes fait des fautes, gronde-t-en sevérement toy-mesme ; & si tu as bien fait, réjoüis-t-en.

Pratique bien toutes ces choses, médite-les bien ; il faut que tu les aimes de tout ton cœur.

Ce sont elles qui te mettront dans la voye de la vertu divine.

ΠΥΘΑΓΟΡΟΥ ΧΡΥΣΑ ΕΠΗ.

Ναὶ μὰ τὸν ἁμετέρᾳ ψυχᾷ παραδόντα
τετρακτὺν,

Παγὰν ἀενάου φύσεως. ἀλλ' ἔρχευ ἐπ'
ἔργον

Θεοῖσιν ἐπευξάμενος τελέσαι. τούτων δὲ
κρατήσας

50. Γνώσῃ ἀθανάτων τε θεῶν, θνητῶν τ'
ἀνθρώπων

Σύστασιν, ᾗ τε ἕκαστα διέρχεται, ᾗ τε
κρατεῖται.
Γνώσῃ δ', ᾗ θέμις ἐστὶ, φύσιν περὶ παντὸς
ὁμοίην·

Ὡς τέ σε μήτ' ἀέλπτ' ἐλπίζειν, μήτέ τι
λήθειν.

Γνώσῃ δ' ἀνθρώπους αὐθαίρετα πήματ'
ἔχοντας,

55. Τλήμονας, οἵ τ' ἀγαθῶν πέλας ὄντα
οὔτ' ἐσορῶσιν,

J'en jure par celuy qui a transmis dans notre ame le sacré quaternaire,

Source de la nature, dont le cours est éternel. Mais ne commence à mettre la main à l'œuvre,

Qu'aprés avoir prié les Dieux d'achever ce que tu vas commencer. Quand tu te seras rendu cette habitude familiére,

Tu connoistras la constitution des Dieux immortels, & celle des hommes, 50.

Jusqu'où s'étendent les differens estres, & ce qui les renferme, & qui les lie.

Tu connoistras encore, selon la justice, que la nature de cet univers est par tout semblable;

De sorte que tu n'espéreras point ce qu'on ne doit point espérer, & que rien ne te sera caché dans ce monde.

Tu connoistras aussi, que les hommes s'attirent leurs malheurs volontairement, & par leur propre choix.

Misérables qu'ils sont! Ils ne voyent ni n'entendent que les biens sont prés d'eux. 55.

cclxx ΠΥΘΑΓΟΡΟΥ ΧΡΥΣΑ ΕΠΗ.

Οὔτε κλύϵοι, λύσιν δὲ κακῶν πάρεστι
   σωΐσασι,
Τοίη μοῖρα βροτῶν βλάπτει φρένας. οἱ
   δὲ κυλίνδροις

Ἀλλοτ᾽ ἐπ᾽ ἄλλα φέρονται ἀπείρονα πή-
   ματ᾽ ἔχοντες.
Λυγρὴ γὰρ συνοπαδὸς ἔρις βλάπτουσα
   λέληθε

60. Σύμφυτος· ἣν οὐ δεῖ προσάγειν· εἴκοντα
   δὲ φεύγειν.
Ζεῦ πάτερ, ἦ πολλῶν τε κακῶν λύσειας
   ἅπαντας.

Ἢ πᾶσιν δείξαις οἵῳ τῷ δαίμονι χρῶν-
   ται.
Ἀλλὰ σὺ θάρσει· ἐπεὶ θεῖον γένος ἐστὶ
   βροτοῖσιν,
Οἷς ἱερὰ προφέρουσα φύσις δείκνυσιν
   ἕκαστα·
65. Ὧν εἴ σοί τι μέτεστι, κρατήσεις ὧν σε κε-
   λεύω·

Il y en a trés-peu qui sachent se délivrer de leurs maux.

Tel est le sort qui aveugle les hommes, & leur oste l'esprit. Semblables à des cylindres,

Ils roulent çà & là, toûjours accablez de maux sans nombre ;

Car la funeste contention née avec eux, & qui les suit par tout, les agite sans qu'ils s'en apperçoivent.

Au lieu de la provoquer & de l'irriter, 60. *ils devroient la fuir en cédant.*

Grand Jupiter, pére des hommes, vous les délivreriez tous des maux qui les accablent,

Si vous leur montriez quel est le démon dont ils se servent.

Mais prends courage, la race des hommes est divine.

La sacrée Nature leur découvre les mystéres les plus cachez.

Si elle t'a fait part de ses secrets, tu 65. *viendras aisément à bout de toutes les choses que je t'ay ordonnées.*

ΠΥΘΑΓΟΡΟΥ ΧΡΥΣΑ ΕΠΗ.

Ἐξακέσας ψυχὴν δὲ πόνων ἀπὸ τῶνδε σαώσεις.

Ἀλλ᾽ εἴργου βρωτῶν, ὧν εἴπομεν, ἔν τε καθαρμοῖς,

Ἔν τε λύσει ψυχῆς κρίνων. καὶ φράζου ἕκαστα

Ἡνίοχον γνώμην στήσας καθύπερθεν ἀρίστην.

70. Ἢν δ᾽ ἀπολείψας σῶμα ἐς αἰθέρ᾽ ἐλεύθερον ἔλθῃς·

Ἔσσεαι ἀθάνατος θεός, ἄμβροτος, οὐκ ἔτι θνητός·

Et guérissant ton ame, tu la délivreras de toutes ces peines, & de tous ces travaux.

Mais abstiens-toy des viandes que nous avons deffenduës dans les purifications,

Et dans la délivrance de l'ame ; fais en le juste discernement, & examine bien toutes choses,

En te laissant toûjours guider & conduire par l'entendement qui vient d'en-haut, & qui doit tenir les resnes.

Et quand aprés avoir dépouillé ton 70. corps mortel, tu arriveras dans l'air le plus pur,

Tu seras un Dieu immortel, incorruptible, & que la mort ne dominera plus.

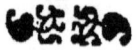

TABLE DES PRINCIPALES MATIERES
contenuës dans ces deux volumes.

Le chiffre Romain marque le premier volume, & le chiffre Arabe le second.

A

ABARIS, Scythe, Disciple de Pythagore, son javelot, cxxviij.

Abstinences de Pythagore, cx. tirées de la Loy ides Juifs, cxi. avoient deux sens, le propre & le figuré. cxiij. 223.

Abstinence de certaines viandes, à quoy utile : 223. elle tendoit à purger l'ame, 227. faite avec ordre, 228.

Abus de nostre liberté, ses effets funestes, 199, 203.

Accomplir les loix de la vertu, ce que c'est, 4. 288.

Accuser, nous ne devons accuser de nos malheurs que nous-mesmes, 75.

Action : de deux bonnes actions il faut toûjours choisir la meilleure, 39. la

Table des Matières.

raison 286.

Action doit estre animée par la priere, & la priere par l'action, 176.

Adorer nuds pieds, quel symbole, ccxi.

Adorer assis, quel symbole, ccxiij.

Adultere, source des plus grands malheurs, xxxiij.

Æther, le lieu convenable au corps lumineux selon les Pythagoriciens, 235. 424.

Afflictions, ne viennent pas du hazard, 90.

Agamemnon, son caractere, 127.

Agir sans raison & sans reflexion, c'est d'un miserable & d'un insensé, 119. 122.

Agir sans prier, vertu impie, 176. 370.

Agriculture, son éloge, ccix.

Ἄθλησις se dit des Martyrs, & non des Juges qui assistent à leur martyre, ccxlj.

Aigreur dans les disputes, vient de foiblesse & de défiance, 108.

Aisles de l'ame, leur perte & leur renaissance, 194. 222.

Aisles du corps lumineux, 216.

Aliments, choix des alimens, 141.

Ame, conceuë par les Pythagoriciens comme un composé de deux parties, liij. lxxj.

Comment tirée des quatre élemens selon Timée, lxx. de l'*Æther* chaud & froid, lxxj. moulée sur le corps. *ibid.*

Table des Matieres.

Partage de l'ame en entendement & ame, d'où pris, lxxv.

Elle ne peut jamais changer de nature, lxxxiij.

Ame nombre se mouvant soy-mesme, & comment, cxliv. Dieu n'a point sur la terre de demeure plus agreable qu'une ame pure, 17.

Ames des hommes, dés qu'elles sont unies à Dieu, doivent estre honorées, lxiij.

Ame de l'homme, ses passions & ses alterations, 8.

Ames des hommes peuvent estre appellées *Dieux mortels*, & comment, 8.

Mort de l'ame, quelle, 9. 252.

Ame ne doit estre soumise qu'à Dieu; 40. elle ne peut souffrir de l'injustice des hommes. *Ibid.* tout ce qui ne touche point l'ame compté pour peu de chose, 49. ceux qui croyent l'ame mortelle, incapables de pratiquer la justice, 67. 302. le seul soupçon que l'ame est mortelle, étouffe tout desir de vertu, 72. enferme toutes les injustices, 93.

Tout ce qui ne nuit point à l'ame, n'est pas un mal, 78.

Ames des hommes tirées du mesme tonneau que les Dieux du monde, quel sentiment, 98. 328. D'où vient la ressemblance de l'ame avec Dieu, 103. née avant le corps selon les Pythagoriciens, 102. 331. éternité de l'ame, comment doit estre entenduë, 330. comment l'ame peut estre attachée à l'entendement, 163. elle ne peut mourir avec le corps, 187. sa forme essentielle, 188. sa cheute, 192. L'ame comparée à un char aîslé qui a deux chevaux & un cocher, 218. explication de cette image, 402. purgation de l'ame, quelle, 221. revestuë d'un corps spirituel selon les Pythagoriciens, 217. 218. Avantage qu'on peut tirer de cette erreur, 400. doit estre ornée de science & de vertu, 230.

Ame de l'homme le dernier des ouvrages de Dieu, 257.

Ame, immortelle & libre, consequence necessaire de cete verité, 305. Premiere vie de l'ame selon les Pythagoriciens, 308.

Ame, plante celeste, 329.

Ame des bestes, lxxxix. nullement distincte de la matiere, xcj.

Ami : belle definition de l'ami, c.

Préceptes de Pythagore sur le choix des amis, & sur les moyens de les conserver. *ibid.* & cj. Amis l'image des Saints,

Table des Matieres.

ibid. & 43.

Choix des amis, quel, 42. Amis compagnons de voyage, 45. Conduite qu'on doit avoir avec ses amis, 44. &c. hair ses amis pour une legere faute, ce que c'est, 45. la seule chose où il ne faut pas les supporter, 45. 46.

Amitié, essence de l'amitié parfaitement connuë par Pythagore, c. But de l'amitié, cj. bel exemple d'amitié chez les Pythagoriciens, cij. Amitié doit s'estendre sur tous les hommes, avec quelle subordination, civ. doit estre recherchée, pour la vertu, 42. c'est pour le bien commun que l'amitié nous lie, 45. la plus grande des necessitez, 45. milieu qu'il faut garder en renonçant à l'amitié de quelqu'un, 46.

Amitié, la fin des vertus, & leur principe la pieté, 50. 293. elle doit s'estendre sur tous les hommes, mesme sur les méchans, 50. 51. Belle preuve de l'obligation d'aimer tous les hommes, 52. 296.

Amitié, n'est autre chose que l'humanité, 52.

Amour des femmes pour leurs maris, & des maris pour leurs femmes, renferme tous les devoirs, xl.

Amour, l'œil de l'amour. V. œil.

Amour des hommes, la plus grande vertu de l'homme, cv.

Amour des veritables biens inné dans nos cœurs, 166. produit l'esperance, & l'esperance la verité, *ibid.* & 358.

Sans l'amour tout est imparfait, 263.

Amour tend à l'immortalité, 413.

Analogie entre les estres superieurs, & les inferieurs, 290.

Anarchie, le plus grand malheur des Estats, xxxij.

Anaximéne, reproche qu'il faisoit aux Philosophes, iij.

Ancée, un des ayeux de Pythagore, xvj. xvij.

Ancres, quelles sont les bonnes ancres, xxxix.

Anges, leur nature, 10. 253. &c. pourquoy ainsi appellez, 30. Erreurs des Pythagoriciens, 30. 278. s'ils sont tous de mesme nature, 261. leur dignité un don de Dieu. *Ibid.* Ayant esté creez libres s'ils ont pû changer, 254. si leur connoissance peut diminuer. *ibid.* leur ministere, & le culte qui leur est dû, 271. comparez aux simples initiez, 276. corporels, selon Pythagore, 279.

Animal raisonnable, le seul qui sente la

Table des des Matieres.

justice, 97.

Anneau, *Ne portez pas un anneau estroit*, quel symbole, clxxxv.

Antipodes connuës par Pythagore, cxxxv.

Aphorismes de la Philosophie, leur utilité: 2. la Philosophie estoit enseignée par Aphorismes, 242.

Apollon Hyperboreen, cxxvj.

Apollonius de Tyane nioit la liberté de l'homme, cclxv.

Apotheose comment obtenuë, 165.

Application aux bonnes œuvres porte à la priere, 178.

Apprendre ce qui merite d'estre appris, 131.

Aristote a mis le premier la raison en regles, clvij.

Aristote refuté, cxliv. cité 363.

Arithmetique, regardée comme merveilleuse, cxliij.

Arpentage, les premiers élemens de la Geometrie, cxlvij. fort ancien & connu par Homere, *ibid*.

Arrangement raisonnable, ce que c'est, 259.

Art d'expliquer les songes mis en regle par les Egyptiens, ccxxiv.

Assemblage qui constituë la divine Fortune, 314.

Table des Matieres.

Aſtres pour les ſuperieurs, ccxxxiij.
Até, Déeſſe de l'injure, 330.
Athéniens, pudeur des jeunes Atheniens, cxcviij.
Athletes des ſacrez combats de la Philoſophie, 233.
Avare ne peut eſtre fidelle au ſerment, 23.
S. Auguſtin expliqué, 409. trouve des myſteres infinis dans les nombres, 360.
Aumoſne attirée par la ſeule compaſſion, deshonnore celuy qui la reçoit, 100. 330.
Autel d'Apollon à Délos, jamais arroſé de ſang, cxlviij.

B

Bain, marque les delices, ccxxij.
Beau, tout ce qui ne peut s'unir avec le beau, eſt ou vice ou peché, 78.
Beau accompagné de peine, preferable au honteux accompagné de plaiſir, 135.
Rien n'eſt beau, que ce qui eſt fait ſelon la regle de Dieu, 176.
Belette, ſymbole des Rapporteurs, & pourquoy, ccxxvij.
Bellerophon rongeant ſon cœur, clxxix.
Beſtes, de pures machines, xc.
Biens de la vie peuvent nous corrompre, & les maux nous ſanctifier, 78.
Biens politiques, 88.

Table des Matieres.

Biens qui sont prés de nous, & en nostre pouvoir, 196.

Bœuf, fait de paste, cxlix. de myrrhe, d'encens. & d'autres aromates. *ibid*.

Boire, excés plus aisé à commettre dans le boire, que dans le manger, 139.

Bois, *Ne coupez pas du bois dans le chemin*, quel symbole, ccj.

Bonne foy de quelle necessité, xxxj.

Bonne vie, en quoy consiste, 346.

Bonté acquise, & bonté essentielle, leur difference, 14.

Bonté de Dieu, c'est son essence, 14.

Bonté de Dieu, la seule cause de la création des estres. *ibid*.

Bornes, il n'y a plus de bornes, dés qu'on passe la mesure du besoin, 148.

Brachmanes, leur vie, ccxxxvij.

Brouiller le lict, quel symbole, cxcvij.

C

Campagnes de l'injure, 192. 380.

Cause, la bonne cause fait seule le merite de la bonne mort, 338.

Cautionnement deffendu par les Sages, clxxxiij.

Ceder doucement, ce que ce mot signifie, 107.

Ceremonies sacrées introduites pour pur-

Table des Matieres.

ger de toutes les pensées terrestres, 232.

Ceremonies mystiques ne regardent que le corps selon les Payens, 419.

Cervelle de palmier, ccxxiv.

Chalcodrystæ, nom des nourrices de Bacchus, x.

Chaldéens, leur superstition sur les jours heureux & malheureux, 346.

Champs Elysées, où placez, lxxij.

Chandelle, *N'appliquez pas la chandelle contre le mur,* quel symbole, ccxxxiij.

Char subtil de l'ame, liv. lxxj. fourni par la lune. *ibid.*

Char de l'ame purgé par les initiations & par l'inspection des mysteres, 230.

Charlatans dans la religion des Payens, 411.

Charondas, ses loix les plus remarquables, clxj.

Chaussure, symbole de l'action, ccxxij.

Chemin, il est dangereux dans la vie de tenir plusieurs chemins, xxxviij.

Chemin public, les opinions du peuple, clxxx.

Chemin marqué pour arriver à la perfection, 297.

Cheval, devient vicieux, quand il est trop nourri & mal dressé par l'Escuyer, 139.

Chiffres appellez Arabes, ne sont que

Table des Matieres.

les lettres Grecques, cxlv.

Choses, les meilleures choses faites mal à propos, deviennent mauvaises, 134.

Chrysippe, passage de Chrysippe rapporté par Ciceron, 385.

S. Jean Chrysostome cité, 259. 398.

Ciel, séjour de la vie, 194.

Cœur pour la colere, 224.

Coffre de cyprés, ce qu'il signifie, ccvj.

Commerce avec les hommes divins paroist par les bonnes œuvres, 210.

Concurrents dans un estat qui ils doivent imiter, xxxv.

Conditions necessaires pour le bonheur, 345.

Connoissance de soy-mesme, & le mépris de tout ce qui est indigne, leurs effects, 73.

Connoissance de nostre ignorance, ses effets, 130.

Connoissance des causes des estres mene à la connoissance de Dieu, 167.

Connoissance de science, comment & en qui elle se forme, 182.

Connoissance de la nature, une suite de la connoissance de Dieu, 183. Avantage qui revient de la connoissance des ouvrages de Dieu, 187.

Connoissance de Dieu produit la connois-

Table des Matieres.
sance de nous-mesmes, 378.
Il y a deux choses dans la connoissance, la connoissance & le choix, 254.
Connoistre, se connoistre soy-mesme, & se respecter soy-mesme, produisent en nous un mouvement tout divin, 68. doivent preceder toutes nos actions & toutes nos connoissances, 70.
Connoistre selon la justice, ce que c'est, 186.
Conscience, juge tres-juste & tres-naturel, 159.
C'est de luy que la Raison reçoit les informations, 160.
Conseil, est sacré, xxxiv.
Constitution des Dieux, & des hommes, 186.
Consultation sage, la mere des vertus, 119. ses trois effets, 120. &c. la delivrance de tous les maux, 121. La perfection des vertus. *Ibid.*
Consulter avant que d'agir, 122. ses effets, 126. 129.
Contemplation doit estre toûjours accompagnée de la vertu & de la pureté, 232. 421.
Contention funeste née avec nous, nostre compagne, & le fruit du corps de peché, 200. sa fuite, 201. 212. 216.

Table des matieres.

Contention toute bonne quelle, 201.

Contradiction dans les devoirs, ce qu'elle exige, 39.

Cooperation de l'homme dans l'œuvre de fa regeneration, 399.

Coq, le fymbole des gens de bien qui veillent pour nous, cxcj. *Nourriffez le coq, & ne l'immolez point*, quel fymbole. *ibid.*

Corps, foin du corps à quoy comparé, xxvij.

Corps comparé à un inftrument, cxlij.

Corps ne doit pas eftre négligé, 136. toûjours dans la generation & la corruption, 136. Il doit eftre rendu un inftrument de fageffe, 140. fa confervation eft une partie de la vertu, 144. mediocrité dans tout ce qui le regarde, 145. erreur des Pythagoriciens fur ce corps mortel, 233. 422. regardé comme l'image de l'ame, & comment, 407.

Corps lumineux des Dieux & des Heros, lxiv. des ames, lxxj. la purgation de ce dernier, 218. 221. appellé char fubtil de l'ame, 220. infpire la vie au corps mortel, 222. 406. doit eftre rendu pur, 230. comment l'image du corps mortel, 407.

Corruption de noftre cœur la feule caufe de tous nos maux, 100.

Table des Matieres.

Couper du bois, & porter de l'eau, regardez comme la derniere misere, ccij.

Couronne des fruits de la joye divine, 157.

Coustume remarquable des Egyptiens, cxlix. son origine. *ibid.* passée aux Indes, où elle est encore aujourd'huy, cl.

Coustumes des mesmes sur les escrits, clxviij.

Coutume des Hebreux sur les femmes prises à la guerre, cxciij.

Coustume des Hebreux & des Grecs sur les Prisonniers faits à la guerre, ccij.

Couvrir ses pieds, ce que c'est, cxcv.

Creation, ordre de la creation selon les Pythagoriciens, ij.

Ce qui est créé, ne peut exister toûjours par sa nature, 331.

Créer pour Dieu, c'est penser & vouloir, lxviij.

Creophyle, hoste d'Homere, xx.

Crime capital sous Tibere & sous Caracalla, clxxxj. clxxxij.

Crotoniates, leur ancienne vertu, xxvij. Victoire signalée qu'ils remportent sur les Sybarites, cxix.

Culte doit estre proportionné à la dignité des estres qu'on honore, lxij. doit toûjours se rapporter à Dieu. *ibid.* ne doit estre rendu à aucune nature inferieure

à l'homme, lxiij.
Cure des vices ne se doit faire qu'en particulier, cxxj.
Cylindre, son double mouvement, 203.
Cylon, Auteur des persecutions contre Pythagore, clxx.

D

Damasius, Escrivain du vj. siecle, ccxlviij. 247.
Damo, fille de Pythagore, ses Commentaires sur Homere, clxv. son respect pour les derniers ordres de son pere, *ibidem*.
Damon de Cyreno, iij.
David, les Pseaumes de David, 384.
Dédale, sa statuë de Venus, lxxvj. xc. ses differentes statuës, 342.
Deification qui se fait peu à peu, & par degrez, 236.
Delivrance de nos maux, quelle, 198. depend de la connoissance de nous-mesmes, 209.
Demeslez sur les biens & sur la gloire, Deffendus aux amis, 47.
Demons terrestres, les Saints, 32. &c.
Demon pris toûjours en mauvaise part dans la Religion Chrestienne, 278.
Demon pour l'ame, 209. 396.

Denys

Table des Matieres.

Denys, S. Denis dans son Traité de la Hierarchie, 314.

Depense hors de saison, blasmée comme orgueil, 150.

Depost de la vertu doit estre conservé, 156.

Destinée, sa propre signification, 63.

Destinée, n'envoye pas la plus grande portion des maux aux gens de bien, & comment, 91.

Devins, par la fumée de l'encens, cxxij.

Devoirs, nos devoirs se mesurent par nostre dignité, cxix. 68. 303.

Devoirs incompatibles, comment il faut s'y conduire, 38.

Devoirs de la vie civile, suites & dependances des devoirs de la Religion, 290.

Deux, employé pour signifier le monde visible, lij. lv.

Dialectique, la délivrance de l'ame, 229. 416. la partie la plus precieuse de la Philosophie, 415. l'inspection des estres, & comment, 416.

Dicearchus, iij.

Dieu, source de tout bien, xxxiv. sa sagesse incomprehensible, l. appellé *quaternaice* & *unité*, lij. lv. unique, lxj. crée des images de luy-mesme. *Ibid.* sa bonté seule cause de la creation, lxvij. sa toute puissance, xcv. bien commun qui lie

Table des Matieres.

tous les hommes, ciij. il ne hait personne, civ. appellé *le mesme*, cxxxiv. la cause des Dieux, 7. il a dû produire des images de luy-mesme, 8. 250.

Dieu tout bon par sa nature, 14. appellé du nom de *serment*, & pourquoy, 19. 264.

Ceux qui aiment Dieu, doivent aimer tout ce qui ressemble à Dieu, 32.

Dieu estend son amour sur tout le genre humain, 51.

Comment il aime les méchans. *Ibid.*

Il est bien loin de la pensée des méchans, 59.

Dieu previent les hommes par ses graces, 83. 315.

Dieu renié quand on fait le mal, & confessé quand on le souffre, 86. 316.

Dieu & l'entendement, la seule regle de ce qui est beau, 129.

Dieu le nombre des nombres, 169. 362. Il presente les biens à tous les hommes, mais il ne les montre pas à tous, 214. il n'attire pas les hommes à la verité malgré eux, 215. 398. Il n'est pas l'auteur des maux, 214. sa lumiere & nostre veuë doivent concourir ensemble, 216.

Dieu appellé la perfection intelligente de

Table des Matieres.

l'ame, 223. Il s'est representé tout entier dans la creation des substances raisonnables, 258.

Dieu Pere & Fils un seul Dieu, 274.

Le nom de Dieu se trouve de quatre lettres dans la plspart des Langues, 360.

Dieu estant connu, nos devoirs envers les hommes ne peuvent estre ignorez, 294.

Dieux immortels, les fils de Dieu, substances immuables & inalterables, 7. 251. ne perdent jamais avec Dieu, 28.

Doivent estre honnorez selon leur ordre & leur rang, 7.

Dieu, pour homme semblable à Dieu, 4.

Dieu celeste & sensible, ce que c'est, 172.

Difficile, les choses difficiles contribuent plus à la vertu, que les agreables, xxxviij.

Dignité, nostre dignité la regle de nos devoirs, cxix. 68. 303. Celuy qui connoist bien sa dignité, est incapable de se laisser seduire, iij.

Discernement qu'il faut faire des raisonnemens, 106. 109.

Disciple de Dieu, quel peuple a merité ce titre, ij.

Les premiers Disciples de Pythagore attribuoient leurs ouvrages à leur maist-

n ij

tre, clxviij.
Discours est inutile, dés qu'on en oste la liberté, cxx.
Dispositions à la vertu & au vice, & d'où elles viennent, cxlj.
Disputes, la douceur & la moderation qu'il faut y garder, 106. 107. 334.
Dissemblance desunit & separe tout, 230.
Divination, partie de la morale, cxxj. Les deux sortes de devination receuës par Pythagore, cxxij. leur ancienneté. *Ibid.* ce que c'est que la divination cxxiij. divination par les songes. *Ibid.*
Divine Fortune, ce que c'est, 81. 82. & 313.
Diviser dans le chemin, quel symbole, cciij.
Dix, intervalle fini du nombre, 169. La puissance du dix c'est le quatre, & comment, 170.
Dominer, il faut dominer nos passions, & nos affections terrestres, 156.
Dons, & victimes des foux, 16.
La magnificence des dons n'honore pas Dieu., *ibid.*
Douleurs, l'étenduë de ce mot, 77.
Douleur raisonnable que nous doivent causer les afflictions, 88..
Doutes malheureux, doutes des hommes, 304.

Table des Matieres.

Droits communs entre les hommes & les bestes, cv.

E

ECho, le symbole des lieux deserts, ccxxj. *Quand les vents soufflent, ado-re l'écho, quel symbole, ibid.*

Ecclesiastique expliqué, ccxxxj. cité, 271. 348.

Education, mauvaise éducation des enfans, source de tous les désordres, xxxv.

Egalité n'engendre point de guerre, xxxj.

Egypte, instruit la Grece, iij. quand ouverte aux Grecs, xij.

Egyptiens, d'où avoient tiré leur sagesse, iv. exceptez de l'abomination que les Juifs avoient pour les Estrangers, xj. Jaloux de leurs sciences, xxij. les austeritez qu'ils enjoignoient avant que d'initier dans leurs mysteres, xxij. xxiij. xlij. pourquoy mettoient des sphynx à la porte de leurs Temples, l. leurs trois sortes de style, lj. leur dogme sur la nature de l'ame, lxx. lxxj. premiers auteurs de l'opinion de la Metempsychose lxxvij. abhorroient les féves, & pourquoy, cxij. tres soigneux de leur santé, cxij. se purgeoient deux fois le mois, *ibid.* attachez à la devination, cxxij. ne parloient jamais du premier principe, & pourquoy, 247. leur ancienne Theologie sur la mort, 424.

Element, un élément seul ne peut rien produire, cxc.

Empedocle, Vers d'Empedocle, 191. 192.

Enfance, l'âge le plus agreable a Dieu, xxxvij.

Enfans, devoirs des enfans envers leurs peres, cclij.

Employez aux prieres publiques, xxxvij.

Entendement, partie intelligente de l'ame, fourni par le Soleil selon les Pythagoriciens, lxxj.

Entendement, appellé le cocher, 226.

Entreprises, ce qui en assure le succés, 130.

Envie prise pour blasme, 149. 351.

Epargne, hors de saison blasmée comme bassesse, 150.

Epicure, le dernier des Philosophes qui ont fait secte, v. le temps qui s'écoula depuis Thalés jusqu'à luy. *Ibid.*

Epreuves des Religieux d'où tirées, xlij.

Esclavage qui vient de l'ignorance, 9.

Esclavage du peché, est volontaire, 202.

Escrivains sacrez, la fin de leur cotemplation, a esté le commencement de noſtre inſtruction, 305.

Eſperance en Dieu toûjours accompagnée de lumiere, 358.

Eſprit eſt le ſeul qui voit, qui entend, &c. liij.

Eſprit politique tient le milieu entre le contemplatif & le myſtique, 232.

Eſprit touché & affermi dans l'amour, unit à Dieu, 17. le ſaint temple de la lumiere de Dieu, *ibid.*

Eſprits, appellez, *vapeur chaude.* cxl.

Eſſeens, Philoſophes des Juifs, xlij.

Eſſence moyenne entre Dieu & l'homme, ſa neceſſité, 9. ſon eſtat & ſes qualitez, 10.

Eſſences raiſonnables, leur ordre & leur rang, 11. 14. &c.

Eſſence, l'attention à noſtre eſſence produit l'accompliſſement de tous nos devoirs, 73.

Eſſence de l'homme, ce que c'eſt, 113.

Eſtres, qui eſtant nos égaux, ſe ſont eſlevez par l'éminence de leur vertu, 28.

Eſtres celeſtes, étheriens, & terreſtres, 32.

Eſtres ſuperieurs ne ſe nourriſſent point de chair humaine, 96. 326. n'ont que le pouvoir de nous faire du bien, 97. 326.

Eſtres moyens partagez en trois claſſes, 30.

Eſtres differens, juſqu'où s'eſtendent, & ce

qui les renferme, & qui les lie, 180. premiers comment liez aux derniers, 181.

Eusebe combat la fausse doctrine de la destinée, ccxlv.

Examen de sa conscience, comment doit estre fait, 154. doit se faire tous les soirs, 155. il est comme un Cantique chanté à Dieu à nostre coucher. *Ibid.* doit estre fait de suite & par ordre, 150. il réveille en nous le souvenir de l'immortalité, *ibid.*

Excellence consiste dans la bonté & dans lumiere, 29.

Excés plus aisé à commettre dans le boire que dans le manger, 139. tout excés, doit estre banni comme le défaut, 143.

Exercices, emportent l'excés de la nourriture, 137. la mesure en doit estre reglée. *Ibid.* leur choix, 138. 139.

Exemption de faute ne fait pas la bonne vie, 134.

F

Fable, l'appanage de la Poësie, lxxxij.
Fables d'Homere & d'Hesiode condamnées par Pythagore, xcij.
Facultez de l'ame, 165. 166. quatre facultez pour juger des choses, 172. 362.
Faire, il ne faut jamais faire ce qu'on ne

Table des Matieres.

sçait point, 130. 133.

Farine, *ne point sacrifier sans farine*, quel symbole, ccx.

Favoris des Rois comparez aux doigts de la main, & pourquoy, cxlv.

Faussetez, écouter avec compassion & indulgence ceux qui en avancent, 108.

Fautes, ce qui empesche de faire des fautes 130.

Faute legere d'un ami, jusqu'où elle peut s'estendre, 291.

Femmes leurs veritables ornemens, xxviij. difficiles à ramener à la modestie quand elles sont accoutumées au luxe, *ibid*. *Refusez les armes que vous preste une femme*, quel symbole, ccxxviij.

Fer, *n'ostez pas la sueur avec le fer*, quel symbole, ccxxx. *N'appliquez pas le fer sur les traces de de l'homme*, quel symbole, ccxxxj.

Feu des sacrifices, comment purgeoit l'ame selon les Payens, 418.

Féves, abstinence des féves, ce qu'elle signifioit, cxj. cxij. pourquoy abhorrées des Egyptiens, *ibid*.

Fidelité des Pythagoriciens dans leurs promesses, cvij.

Figure, la premiere figure solide se trouve dans le quatre, 171.

Fils de Dieu, la veritable image du Pere, 273.

Flambeau, *n'effacez point la trace du flambeau*, quel symbole, clxxxiv.

Flustes condamnées par Pythagore, & pourquoy, cliv. pourquoy rejettées par Minerve, *ibidem*.

Fontaines, *jetter des pierres aux fontaines*, quel symbole, ccxxix.

Force doit estre cherchée dans le voisinage de la necessité, 292.

Fortune n'est qu'une suite & une dépendance de la nature mortelle, 63. 301. V. Divine fortune.

Fou, le fou est sans Dieu, 197. le fou se perd dans tous les estats de la vie, 198.

Fous comparez au Cylindre, 197. 203. 385. 387.

Frequentation des vicieux defendue, clxj.

G

Gabaonites, comment traittez par Josué, ccij.

Galien lisoit tous les matins & tous les soirs les Vers de Pythagore, & les recitoit par cœur, 431.

Gens de bien, comment soutenus dans les maux de cette vie, 91. il faut rechercher & aimer les gens de bien, 156.

Table des Matières.

Gentils ont imité les regles des Nazareens, xliij.

Geometrie née en Egypte, & ce qui la fit inventer, cxlvij. perfectionnée par Pythagore, *ibid.*

Germe malheureux qui est en nous, 200. 386.

Glaive aigu pour les langues medisantes, ccv. *Detournez de vous le glaive affilé,* quel symbole, *ibid.*

Gloire veritable, gloire quelle, xxxiv.

Gourmandise, ses suites funestes, 54.

Grecs, quand commencerent à philosopher, ij. pourquoy ils alloient chercher la sagesse en Egypte, iv. ils n'ont eu aucun commerce avec les Juifs, vj. viij.

Saint Gregoire de Nazianze, 256. 279.

Gryphons, qui gardent les mines d'or, ccxxxvij.

H

Haine accompagne la crainte, cxxj.

Harmonie, l'estenduë de ce mot selon Pythagore, cxv. cxvj. mélange des qualitez, cxl.

Hazard, ce que c'est, 83. domine sur les animaux, 95. 325.

Hebreux, donnent aux vicieux les noms, des bestes lxxx. seuls bons nomenclateurs, 392. 394.

Table des Matieres.

Hecaté, gouffre où restoient les ames qui avoient mal vescu, lxxj.

Heraclite, lj. beau mot de luy, 191.

Hermionée, le simple orge d'Hermionée, 19.

Hermodamas, premier Precepteur de Pythagore, xx.

Heros, nom donné aux Anges, lxij. tiennent la seconde place, & comment ils doivent estre honorez, 26. tout éclatans de la lumiere qui rejaillit de Dieu sur eux, 29. pourquoy appellez *Heros*, & ce qu'ils font pour nous. *Ibid*. pourquoy appellez *bons Demons* & *Anges*, 30. ame raisonnable avec un corps lumineux, 218. l'origine de ce mot, 277.

Hesiode expliqué, cxcv. ccxiv. ccxxix. cité, 383. 387.

Hieroclés, il y a eu plusieurs Auteurs de ce nom, ccxxxv.

Hieroclés, Stoïcien, beau mot de luy, ccxxxviij.

Hiéroclés de Bithinie, le persecuteur des Chrestiens, ses ouvrages, ccxl.

Hiéroclés d'Hillarime, Athlete, & ensuite Philosophe, veritable Auteur de ces commentaires, & tr... ifferent du persecuteur, *ibid*. preuves de cette difference, ccxlij. ccxlvij.

Table des Matieres.

Histoire du Philosophe, ccxlviij. ses ouvrages, ccl. bon mot de luy sur Socrate, ccliv. passage remarquable de son Traité de la Providence, 321. 324.

Hieroclés Auteur des Contes plaisans, different du Philosophe, *ibidem.*

Hieroglyphes des Egyptiens, lj.

Hippasus ne peut estre le bisayeul de Pythagore, xvij.

Hipocrate a suivi les Principes de Pythathagore, cxlij.

Histoire d'un Pythagoricien, cij. de Mullias & de sa femme Tymicha, cxiv. des Sybarites & des Crotoniates, cxvij.

Historiens, les premiers Historiens aussi amoureux de la fable que les Poëtes, lxxxij.

Homere a connu la grandeur du nom de *pere*, xxx. il suit la Theologie des Egyptiens sur la nature, lxx. ses *idoles*, ce que c'estoit, lxxij. les divinations qu'il a connuës, cxxij.

Homere cité, 350. 380.

Homme créé pour contempler, xxvj. partage de l'homme en trois parties, d'où tiré, lxxv. expliqué par une comparaison, lxxvj.

Homme malheureux par sa faute, cxv.

Hommes vicieux designez par des vais-

Table des Matieres.

seaux à deshonneur, cxcj.

Homme, pour homme de bien, 4. 247.

Hommes en quoy inferieurs aux Anges, 31. honorez de la grace divine, meritent nostre culte, 31. 281. leur ornement la verité & la vertu, 32.

Homme devenu *Demon*, & comment, 33. 282.

L'homme n'est rappellé à la science divine qu'aprés sa mort, 31. 280.

Hommes qui ont trouvé place dans les chœurs divins, 34. 285. l'honneur qu'on leur doit, & en quoy il consiste, 35.

L'homme de bien souvent plus malheureux en cette vie, que le méchant, 71.

L'homme est méchant volontairement, 88. fecond en opinions estranges & erronées quand il s'abandonne à luy-mesme, 107.

Homme interieur comment blessé, 152.

L'homme, animal amphibie, & comment, 184. 195. le dernier des estres superieurs, & le premier des inferieurs, *ibid.* au dessus de toute la nature terrestre & mortelle, 185. malheureux volontairement, 195.

Hommes qui fuyent la corruption du siecle, sont en petit nombre, 197.. ils embrassent le vice par leur propre choix,

201. comment peuvent devenir Dieux, 233. 234. aprés leur mort demeurant toûjours inferieurs aux Anges selon les Pythagoriciens, 236.

Un homme ne peut estre estranger à un autre homme, 294.

L'homme ne peut estre attiré à la verité malgré luy, 211. 399. il n'est pas l'image des Anges, 428.

Honneur qu'on rend aux estres superieurs, en quoy consiste, 16.

Honorer Dieu, ce que c'est. *Ibid.* le seul qui le sçait honorer, 17.

Honteux ne peut changer par les circonstances, 58.

Huile pour les loüanges, les flatteries, cxc.

Humanité, il faut conserver l'humanité pour tous les hommes, 50.

Hyrondelles, symbole des grands parleurs, clxxxj. *Ne nourrissez pas les hyrondelles*, quel symbole. *Ibid.*

I

Jamblique, cité, 273. 361. 367. 402. 405. 411. 418.

Javelot de Pythagore, sur quoy imaginé, cxxviij.

Idole, ce que c'estoit dans le langage

d'Homere & de Pythagore, lxxij.

Saint Jean, passage de l'Évangile selon S. Jean expliqué, 398.

Ignorance de la cause de nos maux jette dans l'impieté, 76.

Ignorance de ce qui est seant & honneste, les maux qu'elle produit, 150.

Ignorance, fonds inépuisable d'opinions vaines, & d'esperances, & de craintes frivoles, 188.

Images de Dieu deffenduës par Pythagore, lxv. pourquoy deffenduës sur les anneaux, clxxxj.

Image, signification de ce mot dans le langage de Pythagore, lxxij. &c.

Comment nous devenons l'Image de Dieu, 161. cette image de Dieu s'efface bientost, si son original ne l'entretient, & ne la conserve, 371.

Immortalité de l'ame crüe par les Egyptiens, lxix. immortalité adherante à nostre ame, 187.

Impieté mere de tous les vices, 93. il y a de l'impieté à entendre mesme ce qui est impie, 397.

Impur, ne peut toucher à ce qui est pur, 230.

Indépendance, la perte des hommes, xxxij.

Inégalité de conditions, d'où procedoit, selon les Pythagoriciens, 74. 308. elle est un bien, 309.
Inégalité qui regne dans les animaux, & les plantes mesme, sa cause, 84.
Initiez, estoient de deux sortes, 275.
Injustice embrasse tous les vices, & s'estend sur toutes les facultez de l'ame, 61.
Innocence perduë par le péché se recouvre par le repentir, 125. & par la pratique des vertus, 245.
Insensé, son caractere, 127. vuide de Dieu, 197. tout tourne en mal aux insensez, 198.
Intelligence a son siege dans le cerveau, cxlj.
Jours heureux & malheureux, superstition tres-ancienne, xcv.
Irradiation de l'entendement divin dans nos ames, 162.
Isaie expliqué, cxcv.
Isles des Bienheureux, 234.
Isocrate cité, clxxv.
Jugement de Dieu contre les pecheurs, compose la divine fortune, & comment, 82. 313.
Jugement seduit par une transposition dans l'examen de ses pechez, 159.
Juifs. Ils n'avoient aucun commerce avec

les estrangers, & leur rigueur pour eux, vj. vij. imbus de la superstition de la metempsychose, lxxxviij.

Julius Firmicus, cité, 274.

Justice, rien ne peut subsister sans elle, xxxj. la plus parfaite des vertus, & elle les embrasse toutes, 61. leur fin, *ibid.* elle renferme tous les devoirs, 68. elle doit estre observée dans les actions & dans les paroles, *ibid.* ne peut subsister sans la prudence, *ibid.* la justice de Dieu nous rafraichit la memoire, & conserve en nous le sentiment de la vertu, 85. Ce que produit l'exacte justice, 112.

Justice comparée à l'octave de la Musique, 298.

Justice n'est que proportion, 300.

Justifier les accidens de cette vie, comment, 74. 307.

K

Καταχθόνιοι δαίμονες, 282.

Κόσμος, nom donné à l'Univers par Pythagore, & pourquoy, cxxxv.

L

Lactance, sentiment de Lactance refuté, v.

Table des Matieres.

Langue est tenuë en bride par l'abstinence du ferment, 25. elle ne doit pas devancer la reflexion, *ibid.*

Leon, Roy de Phlius, xxiv.

Liaisons, d'où procedent tous nos devoirs, xcix. civ.

Liaisons differentes qui se trouvent dans la vie, & les devoirs qu'elles exigent, 6. &c.

Libanius. Lettres manuscrites de Libanius, tres-dignes de voir le jour, cclvij.

Libations par l'oreille comment doivent estre entenduës, ccxxv.

Liberalité, vertu qui regle la recette & la dépense, 70. quelle vertu & en quoy elle consiste, 150. fille de la temperance, 304.

Liberté, sans la liberté, il n'y a plus ni vertu, ni vice, ccxlvj. 215. usage que nous faisons de nostre liberté, 199. elle vient de Dieu, & a besoin de son secours, 174. 368.

Lin asbeste, ccxxvij.

Livre theologique de Pythagore, appellé *Livre sacré*, 361.

Logique, anciennement elle ne faisoit pas partie de la Philosophie, clv. ce qui l'a produite, *ibid.*

Logique de Pythagore, quelle, clvj. enseignée par exemples, & non par regles, *ibid.*

Loüange, le partages des Dieux, xxxiv.

Loy ancienne n'est que la volonté de Dieu, lxij. loy éternelle la vertu immuable de Dieu, xcv.

Loy éternelle, ce que c'est, 12. 249.

Loy fort ancienne sur les victimes, cxlviij.

Loy remarquable pour le maintien des loix, clxiij.

Loy singuliere sur les tutelles, clxij.

Loix, les couronnes des villes, clxxviij.

Loy sacrée de l'amitié, ce qu'elle exige, 49.

La Loy veut que chacun soit traité selon son merite, 75.

Loy divine préexistant dans la bonté infinie de Dieu, 85. son but digne de Dieu & utile à l'homme, 89.

Loix que l'entendement divin impose aux ames, 156.

Loy de l'entendement, 163.

Loy qui crée, lie ce qui est créé, 265.

Loix publiques, échantillon de la Philophie pratique, 232.

Lumiere incorruptible & intelligente, 177.

Luxe doit estre banni comme la malpropreté, 144. 148.

Lyre, *Ne chanter que sur la lyre*, quel symbole, cxcix.

M

Magie, fille de l'idolatrie, cxxv. née en Perse & nourrie en Egypte, *ibid*.

Main gauche, la main suspecte de vol, ccxxx. *Ne mangez pas de la main gauche*, quel symbole, *ibid*.

Mal, le mal n'existe point par luy-mesme, 80.

Mal attaché à nostre nature est naturel & acquis, 199. 386. le mal vient de nous, & la punition vient de Dieu, 314.

Malheur, le plus grand malheur de l'homme, 116.

Manger de son siege, quel symbole, ccxxij.

Marâtres deffenduës, clxj.

Marc Aurele, cité, 353.

Mariage regardé par Pythagore, comme un acte de Religion, clxiv.

Mathematiques dégagent l'esprit des choses sensibles, lv. Purgation de l'ame, 229. elles sont auprés de la dialectique comme les initiations, 416. Découverte de Pythagore, cxlvij.

Matiere ne tombe point sous la science, cxxxj. ce que c'est que la matiere selon

Table des Matieres.

Pythagore, cxxxij. pourquoy appellée *autre*, cxxxiv.

Matrice de l'animal défenduë, & pourquoy, clxxxvj. sens mystique de ce mot, 224.

Maux, les pechez sont les veritables maux, 78.

Maux volontaires, & maux exterieurs, 80.

Maux illustrez par la presence de la vertu, 81. nous pouvons convertir les maux en biens, 87. le fruit du peché, 9. souvent meilleurs que les biens, 92.

Maux viennent de la necessité seule, 193. principe de tous les maux, 194. les hommes taschent de guerir leurs maux par d'autres maux, 127.

Méchants, comment doivent estre aimez, 51. punis, ils deviennent un exemple instructif pour les sages, 87. punis comme hommes & comme méchants, & comment, 88. cherchent dans la mort de l'ame la consolation de leurs crimes, 123. leur justice en se condamnant eux-mesmes à la mort, 124.

Medée insensée & furieuse, 127.

Medecine, la plus sage des choses humaines lij.

Melamphylus, Isle quand appellée Samos, xvj.

Table des Matieres.

Mer, appellée *larme de Saturne*, cxxxvij.

Mercuré, tout bois n'est pas propre à faire un Mercure, xlj.

Mesure juste des aliments & des exercices, 137. ce qui n'incommode point l'ame ; 138. elle n'est pas la mesme pour tout le monde, 140.

Mesure Pythagorique, 142. la mesure du besoin passée, il n'est plus de bornes, 148.

Metempsychose, opinion plus ancienne que Pythagore, lxxvij. receuë par les Pharisiens, lxxviij. secret de cette fiction, lxxix. enseignée cruëment par un mensonge pieux, lxxxiv. receuë des Juifs, lxxxviij. ce que c'estoit, 188. 377.

Midy, *Ne dormez pas à midy*, quel symbole, cxcvj.

Miel, oblation de miel, x.

Milieu entre la malpropreté & le luxe, 146.

Milieu qui separe & qui unit, 180.

Milon Crotoniate, son équipage bizarre, cxix.

Miroir trompeur, ccxvj. *Ne vous regardez pas au miroir à la clarté du flambeau*, quel symbole, *ibid*.

Misologie, haine des discours, combien dangereuse, 104. 332.

Mnemarchus, pere de Pythagore, xvij. sa profession, xviij.

Mochus, xxj.

Mœurs, caracterisées par les metaux, 5.

Monde, animal vivant & intelligent, cxxxv. 13. ruine du monde, erreur des Pythagoriciens, *ibid.* ce que c'est que le monde, 191. fuite de ce monde combien necessaire, 193. les maux n'en sçauroient estre bannis, *ibid.* une region de mort, 194.

La fin du monde conduit toutes choses à la felicité, 261.

Montrer, ce qu'il faut pour montrer, 213.

Morale de Pythagore, cxcviij.

Morale comprise sous le nom general de Physique, *ibid.* renfermée en préceptes ou sentences, *ibid.* perfectionnée par Socrate, *ibid.*

Mort, seconde mort selon les Egyptiens, quelle, lxxij. inconnuë à Pythagore, lxxiij. la crainte de la mort précipite dans beaucoup d'injustices, 66.

Mort soufferte pour une bonne cause, 118.

Mort de l'homme, quelle, 191.

Mourir, il faut chercher non à ne pas mourir, mais à bien mourir, 64.

Mouvement de l'ame comparé à celuy du cylindre, 387.

Muses

Table des Matieres.

Muses, bastir un Temple aux Muses, ce que c'est, xxx.

Muse muete adorée par Numa, xliv.

Musique veritable & parfaite, cliij. remede pour la santé, *ibid.* fin de la Musique, cliv.

Musique agréable à Dieu, ccxxv.

Mysteres, les petits estoient une préparation pour les Grands, 416.

N

Naissance, lorsque l'ame vient animer le corps, 195.

Naissance, generation, ce que les Pythagoriciens entendoient par ces mots, 412.

Nature, elle ne souffre pas qu'un homme soit estranger à un autre homme, civ. modestie de la nature doit estre imitée, cxciv. la connoissance de la nature est une suite de la connoissance de Dieu, ccxvij.

Aucune nature inferieure à la nature humaine ne merite nostre culte, 27. 34. payer les droits à la nature, ce que c'est, 41.

Nature pour Dieu, 183.

Nature sacrée, pour la Philosophie, 210.

Nazaratus, un Mage, xxiij.

Nazaréens, xliij.

Table des Matieres.

Necessité de l'esprit, sa force, 48. 399.

Necessité libre & independante, 49. confirme la liberté, 270. elle est dans les bornes de la science, 49. & 293.

Necessité de la nature, comment illustrée, 118.

Neige, pour les naturels mous & lasches, ccxxxiij. *N'escrivez pas sur la neige*, quel symbole, *ibid.*

Nombres, comment employez par Pythagore, lvj. *Nombre pair, & nombre impair*, quels symboles, ccviij.

Dieu, le nombre des nombres, 169.

Nombres, peuvent estre significatifs, mais jamais principes, 361.

Noms changez pour des évenemens extraordinaires, xviij.

Noms, viennent plustost du hazard & de la convention des hommes, que de la nature, 196. 390. quels sont les noms convenables, *ibid.* sagesse de ceux qui ont les premiers imposé les noms aux choses, 197. comparez aux statuaires, *ibid.* & 392. comment ils ont donné ces noms, 391. & 393.

Notions communes, naturelles à tout estre raisonnable, 212. ce que c'est, 333.

Nourriture, sa juste mesure, 137. 139.

Table des Matieres.

La nourriture & l'exercice doivent se succeder 140.

Nous, nous devons estre nos gardes & nos surveillans, 59

Nous, c'est l'ame, 112. 113.

O

OBeïssance aveugle & insensée, précipite dans l'impieté, 40.

Oeil de l'amour guide le cocher, 226. 413. ce n'est que par cet œil que l'on voit le champ de la verité, *ibid.*

Oeuvres, necessité des bonnes œuvres, 178.

Offrandes des fous, appast pour les sacrileges, 16.

Offrandes ne doivent pas estre trop magnifiques, xxxix.

Ὁμακόιον & ὁμάκοοι, 430.

Ongles, *Ne se pas faire les ongles pendant le sacrifice,* quel symbole ccxiv.

Operation mystique doit estre toûjours conforme à la raison, 231.

Opinion opposée à la science, 130 playes que font les fausses opinions, 66.

Opportunité, dogme de Pythagore sur l'opportunité, xciv elle doit estre recherchée en tout, 134. Dieu appellé *opportunité,* 346.

Table des Matières.

Or, le seul metal qui ne se rouille point, 5.
Oracles d'Apollon Pythien, 18. 19.
Ordre, ce que c'est, 12. 14.
Oreille, *Sacrifier aux oreilles, faire des libations par les oreilles*, quel symbole, ccxxv.
Orge avec du sel, repandu sur la teste des victimes, ccx.
Orphée, sa theologie, 248. son sentiment sur les nombres, 361.
Ourses polaires, appellées *les mains de Rhée*, cxxxvij.
Ouvrages de Dieu doivent estre connus selon la justice, 186.
Oüye ne doit pas juger de la Musique, & pourquoy, cxlij.

P

PAin, comment fait en Grece & à Rome, clxxxviij.
Palmier, la grande utilité de cet arbre, ccxxiij ses bourgeons appellez *cervelle* causent de grands maux de teste, quand on en mange, ccxxiv.
Paquets, *Tenir ses paquets toûjours prests*, quel symbole, cc.
Parens, l'honneur qu'on leur doit, 42.
Parjure naist de l'habitude de jurer, 24.
Parthenis, mere de Pythagore, xviij pour-

quoy appellée *Pythais*, ibid.
Passions de l'ame plus cruelles que les tyrans, xxxviij. les parties & comme les membres de la folie, 53. sources de toutes les injustices, 54. il n'y a que l'excés de vicieux, 241. elles se prestent des armes, 297. données comme des aides de la raison, 341.
Patience, jusqu'où elle doit estre portée avec nos amis, 47. ses fruits, 98.
Pauvreté volontaire, 117.
Pechez d'omission & de commission, 158. en quoy égaux, *ibid.* comment volontaires, & involontaires, 203.
Peines de l'autre vie, cruës temporelles par Pythagore, lxvij.
Peines volontaires, les remedes du peché, 125.
Penchants des passions, autant de masses de plomb, 56.
Penchants de l'homme, d'où ils procedent, 191.
Pensée de Dieu est la production des estres, 11. 256.
Pere, veneration duë à ce nom, xxix 37. nos peres & nos parents nous representent Dieu & les Anges, 37. la seule occasion où l'on peut desobeïr à son pere, 39. honneur qu'on doit à son

o iij

pere & à sa mere est sans bornes, *ibid.* en quoy il consiste, 41. ridicule des peres sur l'éducation des enfans, xxxv.

Perse, cité, 263.

Persévérance dans le vice ou dans la vertu, seule punie ou récompensée, 317.

Perte la plus grande que l'homme puisse faire, 116.

Perte des biens raisonnable, quelle, 117. 337. pertes dont la vertu nous tient compte, *ibid.*

Petau, le Père Petau cité, 262. 273.

Petri Bungi numerorum mysteria, 361.

Phalaris tyran de Sicile & né à Crete, sa cruauté, clix.

Philosophe, difference du Philosophe aux autres hommes, xxv. les Philosophes ne connoistront jamais parfaitement l'ame des bestes, xcij. premiers Philosophes prétendus magiciens, & pourquoy, cxxv. Medecins, cxxxviij.

Philosophie comprise sous le nom général de Physique, cxxx. est la science de la verité des choses qui existent, cxxxj. la purgation & la perfection de la nature humaine, j. la Philosophie pratique est mere de la vertu, & la contemplative mere de la verité, 3. leurs effets, 1. 162. 164.

Table des Matieres.

Philostrate expliqué, ccxxv ses fables & ses chimeres sur la vie d'Apollonius, ccxlvj.

Physique, peu cultivée avant les sept sages, cxxxj. Physique de Pythagore, ccxxxij, &c. bornes de la Physique, 375.

Pieté, sans la pieté rien n'est agreable à Dieu, 19. la premiere, la guide & la mere des vertus, 64. 93.

Pieux, quel est l'homme pieux, 18.

Planettes appellées *les Chiens* de Proserpine, cxxxvij.

Platon cité, 192, 193, 194, 233, 244, 288, 300, 328, 332, 344, 348, 374, 382, 390, 401, 402.

Pleiade, appellée *Lyre des Muses*, cxxxvij.

Plutarque, les contes ridicules qu'il fait des Juifs, viij. &c. Lacune remarquable dans Plutarque, 363.

Poids & mesures connus en Grece long-temps avant Pythagore, clv.

Point, le point répond à l'unité, 171.

Poissons, *Ne mangez pas les poissons qui ont la queue noire*, quel symbole, clxxxvj.

Politique, l'estude des premiers Sages, iij, clviij.

Table des Matieres.

Porphyre, ccxlv. son ouvrage du retour des ames, 409.

Pourceau de paste, cxlix.

Pouvoir, ce qui est en nostre pouvoir, & ce qui n'y est pas, 65. jusqu'où s'estend la force de ce qui est en nostre pouvoir, 65. 302.

Prairie de la verité, 192. 381.

Pratiquer, mediter, aimer, 165. 166.

Prestiges doivent estre bannis des expiations, 222.

Priere, necessité de la priere, & sa difficulté, xciij. milieu entre nostre recherche & le don de Dieu, 175. doit estre accompagnée de l'action, *ibid.* & 178.

Principes des vertus viennent de la nature, & leur progrés de l'éducation, cxliij.

Prisonniers de guerre, à quoy reduits, ccij.

Proclus, son instruction Theologique, 405.

Progrés decuple, s'il a esté connu par Pythagore, cxlv. &c.

Proportions harmoniques comment trouvées par Pythagore, clj.

Propreté outrée devient luxe & mollesse, 146. ses bornes, 147.

Proserpine, champ de Proserpine, lxxj.

Providence, le composé de la Loy éternel-

Table des Matieres.

le, & du serment divin, xcvij. elle distribuë à chacun ce qui luy est dû, 75. nier la providence & la justice de Dieu, c'est aneantir la Religion, 92. s'estend sur toutes choses à proportion de leur dignité, 97. 329. sur les animaux en general, 320. 321. 324.

Prudence mere des vertuss, cxx. 61. le guide de tous les biens, 62. ses effets, 63. la regle & la mesure de la justice, 69. elle veut que nous connoissions la cause de nos maux, 76. elle cherche ce qui est seant à chacun, 300. sans elle il n'y a ni justice ni sainteté, 382.

Puissance, ne doit pas se mesurer par la volonté, mais par les forces de la nature, 47. 292. elle habite prés de la nécessité, 48.

Punitions, dont Dieu chastie, & l'usage qu'on en doit faire, 125.

Purgation doit préceder la contemplation, 3. & la delivrance de l'ame, 229. 414.

Purgations prises des Chaldéens & des Hebreux, 410.

Purgation, illumination, & perfection, les trois degrez, 415.

Pyramide, la premiere pyramide dans le *quatre*, 172.

Table des Matieres.

Pythagore n'a jamais esté en Judée, vj. son origine, sa patrie, xvj. &c. le temps où il a vescu, xxj. &c. changea le nom de *Sage* en celuy de *Philosophe*, xxv. il enseignoit toûjours dans les Temples, & pourquoy, xxxvij. comment il éprouvoit ceux qui se presentoient pour estre ses disciples, xlj. xlij. exigeoit un silence de cinq ans, qu'il reduisoit quelquefois à deux, xliij. ses Disciples partagez en deux classes, xliij. estimoit la Musique, xlviij. imite les trois sortes de style des Egyptiens, lj. ses purgations de l'ame, liv. le mystere ses nombres, lv. sa theologie, lxj. lxiv. son idée sur la création, lxviij. son opinion sur l'ame des bestes, lxxxxj. sa superstition sur le temps de la priere, & des operations Theurgiques, xciij. xciv. justifié sur le reproche de dureté pour les autres hommes, ciij. sa reconnoissance & son amitié pour son maistre Pherecyde, cv. ses abstinences, cx. son erreur sur la premiere vie des ames, cxv. soumis à la raison, cxvij. sa severité trop grande, & ce qui l'en corrigea, cxx. pretendu grand devin, cxxiij. ce qu'il faut croire de sa magie & de ses miracles, cxxvj. &c. de sa cuisse d'or, de son aigle, de son ourse, cxxvij. de l'empire qu'il avoit sur les bestes, & qu'Orphée luy avoit transmis, *ibid.* de son javelot, cxxviij. ennemi de l'ostentation & du faste, *ibid.* sa descente dans les enfers, sur quoy fondée, cxxix. son systeme sur la matiere bien different de celuy des atomes, cxxxiv. ses decouvertes dans la Physique, cxxxij. cxxxv. s'il immola aux Muses une hecatombe, cxlviij. cxlix. il n'offrit jamais de sacrifice sanglant, *ibid.* Canon de Pythagore, cxlij. sentiment bien particulier qu'il avoit sur la Musique, clij. ses traitez de politique, de physique & de morale, clviij. & clix. chefs d'œuvres de sa politique, clviij. clix. grands hommes sortis de son école, clx. sa femme & ses enfans, clxv. si Pythagore avoit escrit, clxvj. & clxvij. ses paroles passoient pour des oracles, clxix. respect qu'on avoit pour luy, *ibid.* persecutions qu'il eut à souffrir, clxxj. clxxij. sa mort à Metapont, clxxij. on luy erige une statuë au milieu de Rome, clxiij. durée de son Ecole, clxxiv. sa lettre à Hieron. est supposée, clxxv. ses Vers dorez, leur éloge, 2. son ordre dans ses préceptes, 4. d'où il avoit tiré son *Tetractys*, 359. Pythagoriciens, leurs biens mis en com-

Table des des Matieres.

mum, xlvij. regardez comme morts, quand ils quittoient leur profession, *ibid.* leur vie, xlviij.

Derniers Pythagoriciens, leurs visions, lix. leur erreur sur les dieux, 6. 13. sur les peines de l'autre vie, 124. ils deffendoient de se tuër, 163.

Q

Qualitez, les secondes qualitez font les maladies, cxxxviij.

Quaternaire, nom de Dieu, ce qu'il signifie, lvij. &c. source de l'arrangement du monde, 169. la veritable signification de ce mot, 177. d'où Pythagore avoit tiré cette idée, 359.

Quatre, milieu arithmetique entre un & sept, 170. renferme la premiere figure solide, 171. la premiere pyramide, 172. son estenduë, *ibid.* & 364. comment renferme les societez, 364.

R

Rabbins, idée qu'ils ont prise de Pythagore, lxxvj.

Raison mise en regles par Aristote, xlvij.

Raison se regle par l'instruction, & la passion par l'habitude, 56.

Raison, est la Loy naturelle gravée au dedans de nous, 87. elle est naturellement dans l'homme, 79. c'est Dieu, & comment, 129.

Raisonnement, l'abus du raisonnement a produit la Logique, cxlvij.

Raisonnemens tiennent de la disposition de l'ame, 104. doivent estre bien examinez, 105. les vrais sont les seuls qui meritent ce nom, 105. 333. les faux ne sont que des abois d'une ame insensée, 106.

Raisonner avant que d'agir, 151.

Raisons de la Providence, & de nostre liberté, 101.

Rats d'or, cxlix.

Recouvrer, se recouvrer soy-mesme, 234.

Regime athletique mauvais, 138. celuy qu'on doit choisir, *ibid*.

Regles les plus dures aux plus parfaits, clxxxiij.

Belle regle pour distinguer la vertu du vice, 78. 311.

Relaschement une fois receu, n'a plus de bornes, cviij.

Reminiscence, suite de la creation des ames avant les corps, 352.

Renaissance de l'homme, 191.

Repentir, montre le vice du choix, 122. le commencement de la sagesse, 125.

Respect suit l'amour, cxxj.

Respect de nous-mesmes, nous éloigne du mal, 58. 59.
Ressemblance avec Dieu, acquise, ou essentielle & éternelle, 32. la perfection de tous les estres raisonnables, 237. ses differens degrez, 427. 428.
Ressemblance unit toutes choses, 230.
Révéler les secrets de l'Ecole, l'origine de ce proverbe, cxiv.
Riche au dehors, 123.
Richesses, ne sont qu'un secours pour le corps, 152.
Rocher de Tantale, 86. 316.
Rognures des ongles & des cheveux, ce qu'elles signifient, cxciij.
Rompre le pain, *Ne rompez pas le pain*, quel symbole, clxxxviij.
Rostir, *Ne rostissez point ce qui est bouilli*, quel symbole, cciij.
Rouget, *Ne mangez pas le rouget*, quel symbole, clxxxvj.
Rouille, l'emblême des vices, 5.

S

Sacrifices des Payens ne se rapportoient qu'aux Dieux corporels, lxvj.
Sacrifices qu'on faisoit aux Saisons, cciij.
Sacrifices doivent reünir les familles, ccxv.

Table des Matieres.

Sacrifices, échantillon de la Philosophie mystique, 232. 420.

Sage, seul sacrificateur, seul ami de Dieu, 17. le sage ne hait personne, 51.

Sagesse, ordre & perfection inséparables, ii.

Saints, idée que les Pythagoriciens en ont euë, 32. 34. 35. le culte qu'ils veulent qu'on leur rende, 35. 281. 282.

Saliere sanctifioit la table, cviij. superstition sur les salieres renversées, fort ancienne, cix.

Salomon, Proverbe de Salomon expliqué, ccxxx.

Salvini, Docteur de Florence cité, 298. 299. 338.

Salut, la fin tres-glorieuse de tous nos travaux, 233. l'ouvrage le plus grand de l'art de l'amour, 234. n'est nullement le fruit de l'estude & du sçavoir, 397.

Santé convenable & seante au sage, 137.

Saumaise repris, 373.

Science, il faut ou l'apprendre des autres, ou la trouver de soy-mesme, 107. deux moyens pour la recouvrer, 197. le fruit de la verité, 221. source de douceur dans les disputes, 334. differente de l'opinion, 342. les Sciences peuvent éclairer l'ame, mais non pas la purifier, ni la perfectionner, 415.

Seche, poisson, ses proprietez, ccxxvj. *Ne mangez pas la seche*, quel symbole, *ibid*.

Secours de Dieu toûjours necessaire pour faire le bien, 177. necessaire avant tout, 204.

Sel, le symbole de la justice, cviij.

Seldenus de diis Syris, repris, 366.

Semblable connu par le semblable, fausseté de ce principe d'Empedocle, xcj.

Sentimens d'un particulier n'ont pas tant d'autorité que ceux d'un corps, 239.

Sept, le sept pourquoy appellé vierge, & sans mere, 170. Minerve, 362.

Serment divin, gardien de l'éternité, xcvj. comment lie la creature, *ibid*. d'où Pythagore avoit tiré cette idée, xcvij. ce que c'est, 20. lien qui unit tout à Dieu, 21. inné & essentiel à toutes les creatures, *ibid*. gage de l'éternité, 22. suite necessaire de la Loy, 265.

Serment, tout ce qui est juste, cvj.

Serment humain, l'image du serment divin, *ibid*. & 267. son observation maintient l'ordre & la justice, *ibid*. sa nature & son but, 21. 22. le dépositaire de la certitude & de la verité, *ibid*. ses effets, *ibid*. occasions où il est permis ou deffendu, 24. la rareté en produit, l'observation, 25. fidelité du serment compagne inseparable de la pieté, *ibid*. deffendu dans les petites choses, & pourquoy, 168. belle definition du serment humain, 21. 267. observation du serment humain une suite de celle du serment divin, 269. comment elle nous associe à la stabilité de Dieu, *ibid*.

Serpent, l'embleme de l'ennemi, ccxxix.

Service rendu à nos peres, plus il est vil, plus il est honorable, *ibid*. & 288.

Silence de cinq ans ordonné par Pythagore, xliij. reduit quelquefois à deux, *ibid*. la seule voye de l'instruction, xliv. donne à l'ame la docilité, *ibid*.

Simplicité outrée, devient mesquinerie & saleté, 146.

Simplicius sur Epictete, cité, 302.

Societé comment conduit au vice, 58.

Socrate, homme divin, 306. son sentiment, sur la metempsychose, lxxxvj. cité, 128.

Soin, le premier soin doit estre celuy de nous-mesmes, 113. ordre des soins que nous devons avoir, 114.

Soin du corps, quel doit estre, 136. soin

outré du corps, la premiere cause de ses déreglemens, 139. il doit tendre à rendre l'ame plus parfaite, 141. 349.

Soin de l'ame & du corps perfectionne l'homme entier, 231.

Solitude, comment conduit au vice, 58.

Sommeil, long sommeil blasmé, 53. 157. examen avant le sommeil, 155.

Songes sont partagez en divins & humains, cxxiij. art de les expliquer, cxxiv. expliquez par tous les particuliers, *ibid.*

Sort, celuy qui ne rapporte pas son sort à sa veritable cause, est sans consolation, 92.

Sort, pour éloignement de Dieu, 202.

Soumission à Dieu volontaire & parfaite, 201.

Splendeurs, secondes splendeurs, ce que c'est, 279.

Stoïciens, comment ils accordoient la destinée avec la liberté, 384.

Süeur pour le gain fait par son travail, cclxxxj. *C'est un crime d'oster la sueur avec le fer,* quel symbole, *ibid.*

Superieurs doivent estre honorez, cexx.

Sybarites, leur grandeur & leur richesse, cxviij.

Symbole, son double sens, lij. cxiij. sa

force, liij.
Symboles, le berceau de la morale, clxxvj. en usage en Egypte, en Judée, en Arabie, clxxvij. il faut obeïr à leur double sens, 225. préceptes sacrez donnez sous des ombres & des voiles, 226. leur contradiction apparente, comment conciliée, 228.

Σῶμα ψυχικὸν, comment employé par Hieroclés, 408.

T

Table, la table estoit sacrée, ccvj. il estoit deffendu de ramasser ce qui en estoit tombé, *ibid.*

Tantale, son rocher, 86. 316.

Tardyheens, quelle nation, ccxxvij.

Temerité, mere des vices, cxx. 122.

Temperance, vertu de tout âge & de tout sexe, xxxiij. les biens qu'elle produit, 56. 57. mere de la liberalité, 70.

La temperance & la force, deux gardes vigilants & incorruptibles, iij.

Temps, la sphere du dernier ciel, & pourquoy, cxxxvj.

Ternaire, veneration renfermée dans le ternaire; ce que cela signifie, ccxix.

Terre, centre de l'Univers, 184.

Tertullien repris, 253.

Table des Matieres.

Τετρακτύς de Pythagore, 359. 360.

Thalés le seul des Sages qui s'appliquast aux meditations philosophiques, ij. il n'eut point de maistre de sa nation, iij. ses connoissances, xij. fonda la secte Ionique, *ibid*.

Theano, femme de Pythagore, un beau mot d'elle, clxv.

Theologie de Pythagore, lxj. science theologique en quoy consiste, 372.

Theon Philosophe Platonicien, 364.

Timée cité, lxxxv.

Timée de Platon, explication du Timée de Locres, 243. &c.

Timon accuse Pythagore de vanité, cxxix.

Tombeau, *Ne dormez pas sur le tombeau*, quel symbole, ccxxxij.

Tonnerre, quel signe, ccxv.

Tournoyement ordonné dans les prieres, & ce qu'il signifioit, ccxij.

Tout ressemble au nombre, l'explication de ce mot, cxliv.

Traces, *Effacez de dessus la cendre les traces du pot*, quel symbole, clxxxiv. *N'appliquez pas le fer sur les traces de l'homme*, quel symbole, ccxxxj.

Tradition, comment venuë aux Grecs, 374.

Table des Matieres.

Transgression de la Loy de Dieu se fait en deux manieres, 199.

Triangle la plus simple des figures, rectilignes, 171.

Tribunal de l'ame, de la conscience, 154. 155.

Trinité, la sainte Trinité inconnuë à Pythagore, ccxix.

Troupeau, pour la multitude, ccxxvij.

Tuer, se tuer soy-mesme, injustice reconnuë des Payens, cc.

V

Vache de paste offerte en sacrifice par les Bramens, cl. origine de cette coustume, *ibid.*

Vents pour les seditions, les revoltes, les guerres, ccxx.

Venus, la même estoile que Vesper, cxxxv.

Verité, en s'instruisant de la verité on apprend à refuter ce qui la combat, 108.

Verité & vertu, leurs effets, j. decoulent toûjours de l'essence du Createur, 208. pourquoy necessaires, 221.

Vers de Pythagore pourquoy appellez *dorez*, 4. élemens de perfection, 239. oracles de la doctrine Pythagoricienne, *ibid.* il estoit ordonné de les lire tous les soirs à son coucher, *ibid.* leur veritable Auteur, 242. deux Vers qui manquoient au texte, rapportez, 352.

Vertu, il n'y a de veritable force, que dans la vertu, xxxix. Vertu divine & vertu humaine, 3. vertu divine, ce que c'eſt, 167.

La vertu nous lie à nos amis, & la nature à nos parens, 43.

Vertu ſeule fait le prix des amis & des Saints, *ibid.*

Vertus qui tiennent le milieu, 61. 299. leur ordre, *ibid.* de l'Eſprit divin elles rayonnent dans noſtre ame, & de noſtre ame ſur le corps, 62. 300. les aiſles de l'ame, 194.

Nous devons faire ſervir à la vertu nos corps & nos biens, 65. elle ne peut eſtre conſervée ſans les ſaines opinions, 66. tout eſt vil & mépriſable au prix de la vertu, 69. elle ſeroit inutile, ſi l'ame eſtoit mortelle, 71. 72. ce que c'eſt que la vertu, 73. ombres de vertu, 74. la vertu donne de l'éclat aux maux de cette vie, 80. tout ce qui n'eſt pas vertu, eſt inutile à l'ame, 115. elle ſe fait choiſir par ſa propre beauté, 120. image de Dieu dans l'ame, 177. le comble de la vertu, 238. rien ne peut la faire changer, 296. il eſt faux que la pratique des vertus soit impossible, 304. la vertu ne se forme en nous que par la cooperation de son original, 370.

Vertueux, il est au dessus du vicieux par le plaisir mesme, 132.

Viandes, ce mot comprend tout ce qui est mortel & corruptible, 225.

Vice, pere de l'infidelité, 23. de la fuite du vice naist la vertu, 60. vices de chaque partie de l'ame, *ibid*. les vices sont des écarts & des éloignemens, de la droite raison, 79. 311.

Vicieux, tout vicieux peut s'amander, 79. ne sçauroit estre fidelle au serment, 23.

Victimes artificielles offertes à la place des naturelles, cxlviij.

Vie, cette vie comparée aux assemblées d'Olympie, xxv. premiere vie des ames selon des Pythagoriciens, & ses suites, cxv. 74. opinion receuë en Judée, cxv. bonne vie en quoy consiste, 134. vie delicieuse, quelle, *ibid*. vie doit estre reglée sur les regles de Dieu, 126.

Vigne, *N'offrez point aux Dieux de vin de vigne non taillée*, quel symbole, ccix.

Villes ont besoin des mesmes remedes que l'ame, 420.

Vinaigre, pour le fiel de la satire, cxciij. *Eloignez de vous le vinaigrier*, quel

symbole, *ibid.*
Virgile expliqué, lxxiij. 283.
Ulyſſe, pourquoy refuſa l'immortalité, que Calypſo luy offroit, xl.
Un, deux, quel ſymbole, ccxvij.
Union des citoyens, rempart contre la tyrannie, xxxj.
Unité, principe de tout nombre, renferme la puiſſance de tous les nombres, 170.
Univers, comment une image de la beauté divine, 183. formé ſur la meſure & proportion divine, 375.
Volonté de l'homme influë ſur la Providence, & comment, 94.
Volupté, n'exiſte point par elle-meſme, & eſt l'effet d'une action, cix. 132. de deux ſortes, & à quoy comparée, *ibid.*
Volupté, qui naiſt de la vertu, ſtable comme la vertu meſme, 132. elle ſuit toûjours la nature de ce qui l'a produit, *ibid.* la volupté du voluptueux imite la volupte divine, 133.
Utile, il eſt plus utile d'eſtre puni en cette vie, que de ne l'eſtre pas, 85. les ſeules choſes utiles à l'ame, 115.

Y

Yvreſſe, l'apprentiſſage de la manie, cxxxix.

Zaleucus

Z

Zaleucus, ses loix les plus remarquables, cxliij. &c.

Zamolxis, esclave de Pythagore, devient un grand Legislateur, clxj.

Zenon d'Elée, imagina quelques syllogismes, clvij.

Zodiaque, son obliquité demonstrée par Pythagore, xxiij.

Zones, imaginées par Pythagore, cxxxv.

Zoroastre, plus ancien que Pythagore, xxiij. ses livres de magie, cxxv.

Remarque oubliée au bas de la page cliv. *de la Vie de Pythagore.*

Il fit un Instrument de la muraille de sa chambre, avec des pieux qui tenoient lieu de chevilles, &c.] Plusieurs Auteurs anciens ont rapporté cette experience de Pythagore, comme tres certaine. Gaudentius dans son Introduction harmonique, pages 13. & 14. Nicomachus dans son Manuel harmonique, liv. 1. Macrobe, liv. 2. chapitre 1. Boëce, liv. 1. de la Musique chap. 10. & Jamblique, chap. 26. de la Vie de Pythagore. Les modernes se sont partagez

p

sur ce sujet. Le Pere Mersenne dans le 4. liv. de l'Harmonie, & dans ses Observations Physiques & Mathematiques ; & le P. Fabri dans sa Physique, tome 2. liv 2. soustiennent que cette experience est fausse.

Le Pere Kircher asseure qu'il l'a faite luy-mesme, & qu'il l'a trouvée tres-veritable : voicy ses propres paroles ; *Musurg. Universal. lib. ix. Musicam Pythagoricam*, dit-il, *ad malleos constitutam diversis in locis coram diversis Principibus tanto cum plausu & admiratione exhibuimus, ut ejus repetitione vix satiari posse viderentur. Nous avons fait en differents lieux devant plusieurs Princes, & gens de la premiere qualité l'épreuve de la Musique Pythagoricienne aux marteaux, avec tant d'applaudissement & de succés, que pleins d'admiration ils ne pouvoient se lasser de la faire repeter.*

Le Pere Gaspard Schot dans son liv. de la Magie universelle part, 2. liv. 6. & dans sa Mechanique hydraulicopneumatique, part. 2. approuve ce que dit Kircher, & blasme ceux qui ont osé accuser de fausseté cette experience.

Il ne m'appartient pas de vuider ce different ; c'est à ceux qui sont profonds dans la Musique. Je me contenteray de dire qu'il est arrivé tres-souvent que des choses qu'on a cru fausses dans les Anciens, se sont trouvé tres-veritables. En mesme temps j'avoüeray que je n'aurois pas crû que de cette experience il eust pû resulter une Musique aussi agreable que celle du Pere Kircher. Ce Pere me paroist beaucoup encherir sur Pythagore, qui, si je ne me trompe, ne cherchoit pas dans cette Musique l'agrément qui flatte l'oreille, mais seulement les proportions des tons & les raisons de ces proportions.

Faute à corriger.

Page cxlvj. *ligne* 6. ne vaut qu'un, *lisez*, ne vaut que ce qu'il marque.

Privilege du Roy.

LOUIS par la grace de Dieu Roy de France & de Navarre, A nos amez & feaux Conseillers les gens tenans nos cours de Parlement, Maistres des Requestes ordinaires de nostre Hostel, grand Conseil, Prevost de Paris, Baillifs, Seneschaux, leurs Lieutenans civils & autres nos Justiciers qu'il appartiendra, Salut. Le Sieur André Dacier de l'Academie Françoise, & de nostre Academie Royale des Inscriptions, nous a fait remontrer qu'outre plusieurs ouvrages tant de sa composition que de celle de la Dame Anne le Févre sa femme, c'y devant imprimez : en vertu de nos Lettres de Privilege, ils travaillent encore à d'autres ouvrages pour l'impression des quels ils nous ont fait supplier de leur accorder aussi nos Lettres de Privilege. A ces causes ; voulant favorablement traiter lesdits Sieur & Dame Dacier ; nous leurs avons permis & accordé, permettons & accordons par ces presentes, de faire imprimer par tel Libraire ou Imprimeur qu'ils voudront choisir: *Toutes les Traductions & autres ouvrages de leurs composition, cy-devant imprimez ou à imprimer*, en telle forme, marge, caractere, en autant de volumes, conjointement ou separément, & autant de fois que bon leur semblera pendant le temps de quinze années consecutives, a comter, a l'esgard des ouvrages cy devant imprimez, du jour de l'expiration des precedens Privileges, & a l'égard de ceux qui seront imprimez cy-apres & de leur vivant, du jour que chacun desdits ouvrages sera achevé d'imprimer pour la premiere fois ; & de les faire vendre & distribuer par tout noſtre Royaume : faiſant défenſe à tous Libraires, Imprimeurs & autres, d'imprimer, faire imprimer, vendre & diſtribuer leſdits ouvrages ſous quelque pretexte que ce ſoit, meſme d'impreſſion eſtrangere & autrement, ſans le conſentement des expoſants, ou de leurs ayant cauſe ; ſur peines de confiſcation des exemplaires contrefaits, de trois mille livres d'amende applicables, un tiers à nous, un tiers à l'Hoſtel-Dieu de Paris, l'autre auſdits Expoſants, & de tous dépens, dommages & intereſts ; a la charge d'en mettre deux exemplaires en noſtre Bibliotheque publique, un dans le Cabinet des livres de noſtre Chaſteau du Louvre, & un en celle de noſtre tres cher & feal Chevalier Chancelier de France le Sieur Phelypeaux de Pontchartrain, Commandeur de nos ordre, avant que de les expoſer en vente ; de faire imprimer leſdits ouvrages dans noſtre royaume & non ailleurs, en beau caractere & papier, ſuivant ce qui eſt porté par les Reglemens des années 1618. & 1686. & de faire enregiſtrer les preſentes és regiſtres de la Communuaté des Marchands Libraires de noſtre bonne Ville de Paris ; le tout a peine de nulité d'icelles ; du Contenu deſquelles Nous vous mandons & enjoignons de faire jouir les expoſants ou leurs ayant cauſe pleinement & paiſiblement ; ceſſant & faiſant ceſſer tous troubles & empeſchements contraires. Voulons que la copie ou Extrait deſdites preſentes qui ſera au commencement, ou a la fin deſdits ouvrages, ſoit tenuë pour duëment ſignifiée : & qu'aux copies collationées par l'un de nos amez & feaux Conſeillers Secretaires, foy ſoit ajouſtée comme a l'original ; Commandons au premier noſtre Huiſſier ou Sergent, de faire pour l'éxecution des presentes, toutes significations, deffenses, saisies & autres actes requis & necessaires, sans demander autre permission, & nobnostant clameur de Haro, Chartres Normandes & Lettres à ce contraires: Car tel est nostre plaisir. Donné à Versailles le vingt uniesme jour de Decembre l'An de grace mil sept cents, & de nostre régne le cinquante huitiéme. *Signé*, Par le Roy en son Conseil, LE COMTE. *& scellé du grand Sceau de cire jaune.*

Registré sur le Livre de la Communauté des Imprimeurs & Libraires, conformément aux Reglemens. A Paris le 23. Decembre 1700 *Signé* C. BALLARD, Syndic. Enregistré ccclxvij. des privileges de nostre Syndicat.

J'ay cedé a M. Rigaud le Privilege que j'ay obtenu du Roy, en datte du 21. Decembre 1700. pour quinze années, registré sur le Livre de la Communauté des Libraires & Imprimeurs de Paris le 23. Decembre de la mesme année, pour l'impression de *La Vie de Pythagore, & des Commentaire d'Hierocles, sur les vers dorez, de ce Philosophe;* & seulement pour la premiere édition qui va estre achevée en deux volumes. Fait à Paris le 16. Decembre 1705. *Signé*, DACIER.

Registré sur le Registre No. 2. de la Communauté des Imprimeurs & Libraires de Paris, suivant leurs Réglemens. A Paris ce vingt-cinquiéme jour de Janvier 1706. page 63. du Registre. *Signé* GUERIN, Syndic.

www.ingramcontent.com/pod-product-compliance
Lightning Source LLC
Chambersburg PA
CBHW060051190426
43201CB00034B/670